前
坂東
三津五郎

Wilhelm Elsner · Bonsai

# 盆栽

Wilhelm Elsner

# BONSAI

*Miniaturbäume im Gefäß*

Verlag für die Frau
Leipzig

Elsner, Wilhelm:
Bonsai : Miniaturbäume im Gefäß / Wilhelm Elsner.
Zeichn.: Anette Schröter. –
2. Aufl. – Leipzig : Verlag für die Frau, 1987. – 136 S. : Ill. (farb.)

Zeichnungen: Anette Schröter
Gesamtgestaltung: Günter Jacobi

ISBN 3-7304-0096-7

2. Auflage

Druckgenehmigung: 126/45/13/87
Gesamtherstellung: INTERDRUCK Graphischer Großbetrieb Leipzig,
Betrieb der ausgezeichneten Qualitätsarbeit, III/18/97
Printed in the German Democratic Republic
LSV: 1359 · Best.-Nr.: 672 505 8
01680

# Inhalt

# Vorwort

Die Natur
ist ein sehr gutes Beruhigungsmittel.
*Tschechow*

Die unmittelbare Beschäftigung mit Pflanzen – auch und besonders mit Miniaturbäumen – kann uns von der Hast zur Muße, von der Zerstreuung hin zur inneren Sammlung führen. Das Erleben der Entwicklung einer Pflanze über Jahre, ja Jahrzehnte hinweg kann zu einem tiefen Naturerlebnis werden, das viele flüchtige und sporadische Eindrücke in der Natur bei weitem aufwiegt. Und nicht nur dies: Die Formung bestimmter Gewächse zu Miniaturbäumen ermöglicht und fordert zugleich, schöpferisch gestaltend zu wirken.

Diese Gedanken und eine fast 50jährige gärtnerische Erfahrung haben mir Mut zu diesem Versuch einer Anleitung gegeben. Sie soll dem interessierten Laien den Zugang zu dieser ostasiatischen Kunst der Pflanzenhaltung erleichtern und andeuten, wie Bonsai vielleicht unserer europäischen Gartenkunst integriert werden kann.

Bei der Behandlung lebender Objekte führen häufig verschiedene Wege zum Ziel. Die Abwandlung nur eines der vielen beeinflussenden Umweltfaktoren verändert die Wirkung der anderen. Deshalb sind die praktischen Hinweise dieser Anleitung lediglich als Beispiele zu betrachten. Der Anfänger sollte sie dennoch genau befolgen und kann später nach den unter seinen Verhältnissen gewonnenen Erfahrungen entsprechend abweichen.

Dankbar bin ich dem Verlag für die Frau, der diesen Titel aufgenommen und meine Arbeit daran gefördert hat. Gleichzeitig danke ich Herrn Wolfgang Lutz, Aachen, der Stiftsgärtnerei Neuburg, Heidelberg, und ganz besonders Herrn Paul Lesniewicz, Heidelberg, für die Unterstützung mit Bildmaterial von wertvollen alten Bonsai. Auch dem Ostasienkenner, Herrn Dr. Bräutigam, Dresden, sei herzlich gedankt.

Wilhelm Elsner

Dresden 1985

# 1. Einführung

Ganz neu ist die Bekanntschaft mit Miniaturbäumen in Gefäßen bei uns in Europa nicht. Pencai wurden sie im Ursprungsland China genannt, Bonsai heißen sie im Japanischen. Das »Illustrierte Gartenbau-Lexikon« von Th. Rümpler erwähnt 1882 Bonsai unter dem Stichwort »Zwergbäume der Japanesen«: »Schon seit uralten Zeiten liebt der Japanese neben schönen vollerwachsenen Bäumen verzwergte Baumgestalten und erlangte in der Anzucht derselben schließlich eine große Fertigkeit. Baumzwerge, die nicht höher als 30 cm, von Arten, welche in natürlichem Zustande eine Höhe von 25 bis 35 m Höhe erreichen, kommen in Töpfen und mit Blüten und Früchten bedeckt zu vielen Tausenden auf den Markt. Wie diese Zwerggestalten erzogen werden, hat bis daher noch nicht ermittelt werden können, doch scheint Verstümmelung ausgeschlossen zu sein. Auch die Obstbäume erziehen die Japanesen in Zwergform, und mit Früchten bedeckte Apfelbäumchen von kaum 30 cm Höhe und nicht viel größerem Kronendurchmesser sind bei ihnen gewöhnlich ...« Es gab auch einige Versuche, Bonsai auf Ausstellungen zu zeigen und anzubieten, zum Beispiel 1907 im Japanischen Garten der Internationalen Gartenbau-Ausstellung in Dresden: Eine Berliner Handelsgärtnerei stellte in einer Halle viele »Japanische Zwerggehölze« in Schalen zur Schau. Leider sind damals vorwiegend solche Exemplare importiert worden, die man hier lediglich als spaßige, skurile Beigaben zu japanischen Gärten verstand und die wegen ihrer verwundenen, exotisch anmutenden Stämme auch gar nicht anders verstanden werden konnten. Sicher haben sich die Importfirmen wegen fehlender Literatur in einer europäischen Sprache nicht um den Hintergrund ostasiatischer Bonsai-Gestaltung bemühen können. Sonst wären gewiß einfachere, schlichtere Formen ausgewählt worden, die auch die Europäer als schön und nicht als grotesk empfunden hätten. Neben der sprachlichen stand vor allem die räumliche Abgrenzung Chinas und Japans einer Verbreitung des Bonsai im Wege. Zu diesen Abgrenzungsgründen muß noch die Schrift genannt werden, die bis heute eine gewisse Barriere bildet.

Wir danken es solchen weitsichtigen Männern wie Paul Lesniewicz in Heidelberg, die während der vergangenen Jahre Wissenswertes um Bonsai in Europa gründlich verständlich gemacht und verbreitet haben.

Pencai oder Bonsai sind nicht schlechthin Topf- oder Kübelpflanzen, wie sie in Europa schon seit dem Altertum vorwiegend in Perioden des Friedens und hauptsächlich von Wohlhabenden aufgestellt werden zur Verschönerung der Wohnumwelt. Man konnte nun die Schönheit der meist fremdländischen Gewächse – nicht selten noch züchterisch verändert – auch in der Wohnung genießen. Doch ein formender, gewissermaßen schöpferischer Einfluß auf die Entwicklung dieser häufig kurzlebigen Pflanzen ist kaum möglich. Auch das Erlebnis periodischer Wachstumsvorgänge wie in der Natur können sie nicht geben. Topfpflanzen sind vorwiegend auswechselbare pflanzliche Dekoration, die wie so vieles andere auch verbraucht, »konsumiert« wird.

Eine Ausnahme bilden die Topfgewächse ausgesprochener Pflanzenliebhaber, die sie mit Hingabe und Sorgfalt pflegen, oft selbst vermehren und lange Zeit gesund und wüchsig erhalten. Andere wieder pflegen Pflanzen über viele Jahre in großen Ton- oder Holzkübeln. Dieser Brauch ist in Mitteleuropa seit dem Mittelalter bekannt. Er mag aus dem Wunsch entstanden sein, Pflanzen südlicher Herkunft zu besitzen, sie also jederzeit betrachten zu können. Reisende, besonders die Entdeckungsreisenden, brachten oft Pflanzen und Sämereien aus fernen Ländern mit.

Häufig ist uraltes kultisches Gedankengut Hintergrund dieses Brauches, wie z.B. bei den Myrten.

Zweige dieser immergrünen kleinen Sträucher aus dem Mittelmeerraum werden schon seit Jahrtausenden von den Völkern, besonders in Epochen blühender Kultur, mit wechselndem Sinngehalt für Feste und Feiern verwendet.

Es gibt auch heute noch viele in Kübeln gepflegte Oleander, Myrten und Granatapfelbäumchen, die Generationen überleben. Dennoch bleiben sie nur Dekoration, austauschbare Pflanzenschönheit, vertraut und liebgewonnen, aber nicht mehr.

Bonsai hingegen ist für Millionen Menschen in China, Japan, Vietnam und anderen Ländern ein befriedigender, oft lebenslanger Beschäftigungsinhalt.

Vornehmstes Ziel der Gestaltung von Bonsai ist es, die Schönheit alter, ehrwürdiger Bäume, die den Stürmen von Jahrzehnten, ja Jahrhunderten trotzend, sich stark und vital behauptet haben, im Kleinen darzustellen und zu erhalten. Die ernsthafte Beschäftigung mit Bonsai ist keine Naturschwärmerei, sondern geduldiges, aufmerksames Lernen von der Natur, das Bemühen, den jeweiligen Gestaltungswillen der Pflanzen zu begreifen und ihn tätig zu unterstützen. Es ist erstaunlich, wie das Eindringen in das geistige und materielle Umfeld einer Liebhaberei zu neuen Kenntnissen, Erkenntnissen und Anregungen führt.

- So öffnet uns das Erleben der Entwicklung der Bonsai die Augen für Gesetze des Lebens, die auch für uns Gültigkeit haben.
- Bonsai verlockt zum Kennenlernen des kulturhistorischen Hintergrundes dieser Art des Umgangs mit Pflanzen bis hin zu ostasiatischer Landschaftsmalerei, Gartengestaltung, ja bis zu mancher Weisheit östlichen Denkens.
- Zur guten Formung der Miniaturbäume wird es nötig, gestalterische

Grundsätze zu lernen und anzuwenden, um schöne Exemplare heranzuziehen.

- Als Grundlage einer erfolgreichen Behandlung der Bäumchen werden zwangsläufig pflanzenphysiologische Zusammenhänge sowie gärtnerische Techniken und Handfertigkeiten erlernt.
- Man gewöhnt sich an eine ruhige, eingehende Art der Betrachtung von Bäumen und gewinnt dabei Freude und immer mehr Wissen für die Beschäftigung mit den Miniaturbäumen.
- Und selbst wer alle diese Dinge ignoriert und bei der Anzucht, der Gestaltung und Pflege seiner Miniaturbäume sich auf seinen »Grünen Daumen« verläßt, wird im Laufe der Zeit eine alte ostasiatische Lebensweisheit bestätigt finden, die seit Jahrtausenden und auch heute noch Gültigkeit hat, jenen lapidaren Lehrsatz, welcher letztendlich unsere Aufmerksamkeit – mehr als wir es oft tun – der kostbaren Gegenwart zuzuwenden heißt: Der Weg ist wichtiger als das Ziel. »Der Weg« will in diesem Zusammenhang verstanden sein als das tägliche Beobachten, das Nachdenken und stille Tun an den Pflanzen, das Entspannung, Freude und Zunahme an Wissen und Erfahrung für unser Leben mit den kleinen Bäumen bringt, – und »das Ziel« soll hier bedeuten: das Meisterwerk eines schönen Bonsai. Mit anderen Worten gesagt: Sinn und Lohn dieser Liebhaberei, also das »Wichtige« für ihre Anhänger, ist nicht der einstmals – vielleicht – bewundernswerte, kostbare und uralte Bonsai, nein, das ist die tägliche Freude am schöpferischen und pflegenden Umgang mit vertrauten pflanzlichen Lebensbegleitern.

Für Gehölzliebhaber mit beengtem Gartenraum bietet die Bonsai-Anzucht eine interessante Möglichkeit, eine große Sammlung auf kleiner Fläche unterzubringen und die den einzelnen Pflanzenarten spezifische Form jeweils im Kleinen zu gestalten.

Es wird sich zeigen, ob Bonsai eine kurzlebige Modeerscheinung bleibt oder ob sich die europäische Gartenkultur dieses verfeinerten Zweiges der Pflanzenhaltung und -gestaltung annimmt und sich Bonsai eigenschöpferisch aneignet. Sicher würden viele Menschen beim Umgang mit Miniaturbäumen neben anderem Positiven auch ein besseres Verständnis für die Fruchtbarkeit und Empfindlichkeit der Erde und der Pflanzenwelt gewinnen, die heute mehr denn je unseres Schutzes bedürfen.

## 1.1. Erklärung der Begriffe Pencai und Bonsai

Der Begriff Pencai ist in China zum ersten Mal während der Jin (Tsin)-Dynastie (265–420 u. Z.) aufgetaucht.

Die Zeichnung 1 (Seite 2) zeigt die chinesischen Schriftzeichen für Pencai, die später auch von Japan übernommen worden sind und heute noch in beiden Ländern Gültigkeit haben. »Bonsai« ist die sinojapanische Lesung der chinesischen Zeichen für Pencai. Außerhalb Chinas und Japans hat es sich eingebürgert von Bonsai zu sprechen. Das Wort setzt sich zusammen aus bon = Tablett, flaches Gefäß, Schale und sai = eine Pflanze heranziehen.

Frei übertragen bedeutet Bonsai: »Pflanze in einem flachen Gefäß«.

In der deutschen Sprache sagt man »der Bonsai«, wenn man den Miniaturbaum in der Schale meint, und »das Bonsai«, wenn man die Kunst der Miniaturbaumanzucht, -gestaltung und -pflege bezeichnen will.

Alle Eindeutschungsversuche sollte man prüfen, ob dabei nicht zu viel Sinngehalt verlorengeht. Selbst der in dieser Anleitung oft benutzte Begriff Miniaturbaum besagt z.B. nicht, daß er in einem Gefäß steht.

## 1.2. Geschichtlicher Überblick

Mitten in der Stadt wohnend,
ungestört von Wagen- und Pferdelärm!
»Wie hat er das erreicht?«
So fern sein Herz bei anderem,
so fern ist auch sein Wohnplatz.
*Nach Tao Yuanming,*
*gefeierter chinesischer Dichter während der Jin (Tsin)-Dynastie (265–420 u. Z.).*

In der langen chinesischen Geschichte den Miniaturbäumen nachzuspüren – einer Kleinigkeit im doppelten Sinne – und zu ihrem Ursprung gelangen zu wollen, ist sicher schwierig, wenn nicht gar unmöglich, obwohl Chinas alte Geschichte sehr gut überliefert worden ist.

Bei einem so naturverbundenen und gleichzeitig auch kunstsinnigen Volk wie dem chinesischen bieten glücklicherweise die Werke seiner Dichter und Maler und die großen Enzyklopädien der Gelehrten einige Anhaltspunkte.

Berühmte Beispiele belegen, daß Gartengestaltung und Palastarchitektur lange vor unserer Zeitrechnung. auf einem hohen Stand waren. Darum wundert es nicht, daß die Entwicklung des Pencai über 1700 Jahre, bis in die Zeit der Jin (Tsin)-Dynastie (265 bis 420 u. Z.), zurück verfolgt werden kann, wie Wu Yee-sun 1969 im Vorwort zu seinem Buch über »Künstlerische Topfpflanzen« berichtet. Andere Angaben datieren die Entstehung von Pencai noch weiter zurück.

Auf Gemälden der Tang-Zeit (618 bis 905 u. Z.), einer Periode bedeutender Maler und großer Dichter, werden Pencai verschiedener Pflanzenarten dargestellt.

In der Song-Zeit (960 bis 1280) fügte man den einzelnen Miniaturbäumen Landschaftselemente hinzu: Steine, Sand und weitere Pflanzen. Diese Pflanzungen nannte man »Penwan« (Liebhaberei in der Schale). Der Dichter Zhao Xigu erwähnt in dieser Zeit Miniatur-Felsengärten, die bequem in die Wohnung getragen werden konnten. Während der Yuan-Dynastie (1260 bis 1368) gab man diesen Pflanzungen auf einem Tablett oder in einer flachen Schale den Namen »Xiezi jing«.

Das Wort »Penjing« als Oberbegriff für Miniaturbäume und Miniaturlandschaften wurde zuerst im 17. Jahrhundert gebraucht, heute bezeichnet man in China damit ausschließlich die Miniaturlandschaft.

Nachdem die Entwicklung des Pencai eingeleitet war und viele befruchtende und fördernde Einflüsse der folgenden Jahrhunderte, die bekannt sind oder erahnt werden können, diese Kunst weiterentwickelt haben, scheint es fast selbstverständlich, daß sie heute in China im besten Sinne des Wortes volkstümlich geworden ist. Kriege, Katastrophen und Wechsel der Dynastien und Gesellschaftsordnungen hat Pencai nicht nur überstanden, sondern sich dabei auch weiterentwickelt. Es war von erheblichem Einfluß, daß die jeweils herrschenden Oberschichten die Künste meist förderten und sich für Schönheit begeisterten, wenngleich es immer wieder Unterbrechungen gegeben hat. Die Dynastien mongolischer und mandschurischer Herkunft bildeten in dieser Hinsicht keine Ausnahme und nahmen bald die hochentwickelte chinesische Kultur an. Über viele Jahrhunderte allerdings war Pencai vornehme Beschäftigung und Zeitvertreib von nur wenigen.

Wieweit religiöse Einflüsse diese Kunst beeinflußt haben, ist schwer zu ergründen; gewiß ist, daß die Völker Ostasiens im allgemeinen eine ganz andere, bescheidenere Haltung gegenüber der Natur haben als die Völker Europas. Jene halten den Menschen nicht für den Mittelpunkt der Welt. Während unsere Kultur Mensch und Natur einander gegenüberstellt, begreift die ostasiatische Kultur den Menschen neben Tieren und Pflanzen nur als einen Teil des gemeinsamen Seins allen Lebens. Gewiß ist auch, daß der Symbolgehalt, den die Chinesen und andere östliche Völker vielen Pflanzenarten, besonders Bäumen, gegeben haben, das innere Verhältnis der Menschen zu den Pflanzen vertieft; sicher bestehen hier Wechselwirkungen. So ist Kiefer Sinnbild für langes Leben, und Pfirsichblüte bedeutet Glück und Frühling, weshalb beide in Ostasien beliebte Neujahrsgeschenke sind. Das leuchtende Herbstlaub des Fächerahorns wird als »König der Blätter« bezeichnet, und die Japanische Kirsche ist Symbol für den treuen Krieger, der bereit ist, sein Leben der Heimat zu opfern. Weiden wiederum versinnbildlichen weibliche Anmut und Hilflosigkeit.

Bei Ikebana, der Kunst des japanischen Blumensteckens, gibt es gleichermaßen genügend Zeugnisse für den Ausdruck des Religiösen im Ästhetischen.

Die hohe Wertschätzung, die bei den Chinesen die Tradition genießt, ist als fördernder, stabilisierender Einfluß auf die Geschichte des Pencai ebenfalls zu erwähnen.

Ganz besondere Impulse gingen auch von der Landschaftsmalerei aus. Daß sie in China als selbständiger Zweig der Malerei 1000 Jahre früher entstand als in Europa, läßt sich neben anderem vielleicht auch auf die Verehrung der Natur zurückführen, auf das enge Verhältnis des Menschen zu ihr. Von den verschiedenen Elementen der Landschaftsmalerei, wie Felsen, Wasser, Himmel und Bäume, war es gerade die Darstellung von Bäumen, die von den Malern zuerst beherrscht worden ist. Nachdem anfangs die Baumformen der verschiedenen Arten – als erste seit dem 4. Jahrhundert die der Weiden und Kiefern – mehr oder weniger nur in den Umrissen flächig dargestellt wurden, fanden die Maler der Tang-Zeit den Weg zu einer durchsichtigeren Darstellungsform von Bäumen, womit solche artspezifischen Charakteristika, wie Kronenform, Stammbildung, Aststellung und Verzweigung, im Abbild sichtbar wurden und dadurch das Einzelwesen Baum noch treffendere Gestaltung fand. Und genau dies ist auch das Ergebnis der Gestaltungsentwicklung der Pencai nach dem Vorbild der Landschaftsmaler mit ihrer Vorliebe für die Linie mehr als für die Fläche, mit ihrer Verehrung des Wesentlichen mehr als der Farbe und ihrer Huldigung der Harmonie in der Asymmetrie.

Angeregt durch die Bäume ihrer Heimat, die abstrahierende Sicht der Maler, das hochentwickelte Kunstverständnis der Käufer und die Naturverehrung, die im ganzen Volk lebendig war, vermochte es die Kunstfertigkeit der Pencai-Gärtner, des Baumes Gestalt mit tiefem Einfühlungsvermögen in pflanzliches Leben so wesensnah wie möglich im Kleinen nachzubilden. Pencai-Meister schrieben die von Generation zu Generation gewachsenen Erfahrungen sorgfältig in Büchern nieder. Die gärtnerischen Regeln, Hinweise, Techniken, Handgriffe, Erd- und Düngerrezepte, getrennt für eine Vielfalt verschiedener Baumarten, wurden lange Zeit geheimgehalten. Bei den großen Meistern, die man genau wie die Gartengestalter zu den Künstlern zählte, ging höchstes gärtnerisches Geschick immer mit ausgeprägtem Naturverständnis und künstlerischem Geschmack einher; denn bestes fachliches Können allein schafft noch kein Kunstwerk.

So wie die Pencai selbst in den Familien von einer Generation zur nächsten weitergegeben wurden, so vererbten die Pencai-Meister ihr gärtnerisches und künstlerisches Können, ihre Geduld und ihre Einsicht in die unbedingte Notwendigkeit, zu jeder Stunde an der Pflanze das Gehörige zu tun, auf ihre Söhne und Schüler weiter bis auf den heutigen Tag.

Den chinesischen Töpfern und Kunsttischlern ist zu danken, daß die Pflanzen passende, schöne Gefäße erhielten und in Wohnungen und auf Ausstellungen auf stilvollen kleinen Tischen oder Ständern präsentiert werden können. Die Töpfer erzeugten – und erzeugen noch heute – mit feinem Form- und Farbgefühl Schalen und Töpfe, die auch in der Gegenwart zu den kostbarsten Töpferarbeiten gehören. Den besten Ruf haben die Gefäße aus den Töpfereien von Shiwan in der Nähe von Guanzhou (Kanton); denn der dortige Ton leitet die Wärme besonders schlecht, und das ist im heißen

Sommer der Subtropen und Tropen für die Pflanzen von Vorteil. Für die Herstellung der Ständer, auf denen die Pencai in der Wohnung aufgestellt werden, verwendeten die Kunsttischler neben aller Sorgfalt auch die edelsten Hölzer, wie rotes Sandelholz, Mahagoni und Palisander. Die kostbarsten dieser Ständer sind mit Perlmutt oder Marmor eingelegt.

So nimmt es nicht wunder, daß sich in der für uns Europäer beneidenswerten jahrtausendelangen Kontinuität chinesischer Kultur am Rande vieler bedeutender kultureller Hochleistungen auch die Kunst der kleinen Bäume in Schalen vervollkommnet hat, daß sie heute noch rege ausgeübt wird und sich weiter wandelt, wie alle Kunst, die im Volk verwurzelt geblieben ist. Die schönsten Pencai der Volksrepublik China sind heute der Bevölkerung wieder zugängig in großen gepflegten Pencai-Parks, die jährlich Hunderttausende interessierte Besucher haben.

Es ist allerdings Japan zu verdanken, wenn Pencai heute nicht nur in Ostasien, sondern auch in Europa, Amerika und Australien verbreitet ist und das verständlicherweise unter der japanischen Bezeichnung Bonsai.

Nachdem seit dem Jahre 522 u.Z. der Buddhismus vom Festland her in Japan eingedrungen war und sich rasch ausbreitete, ist anzunehmen, daß spätestens während der Regierung des Kaisers Daigo (898 bis 930) Pencai in ganz Japan bekannt wurden. Dieser aufgeklärte Herrscher förderte die Einführung der Kultur des »Reiches der Mitte« und mit ihr die der Schrift, der Dichtung und der chinesischen Gärten. Japans Goldenes Zeitalter wurde eingeleitet. Auf japanischen Bilderrollen des 14. Jahrhunderts findet man schon alte Bonsai abgebildet.

Gegen Ende der Ming-Herrschaft (1368 bis 1644) floh ein chinesischer Regierungsbeamter nach Japan, da er nicht unter der folgenden Qing-(Mandschu-)Dynastie dienen wollte. Er soll neben chinesischer Literatur auch ein besonders umfangreiches Wissen der Miniaturbaum-Kunst mitgenommen haben, wodurch das Bonsai in Japan neue Impulse erhielt. Die Japaner ahmten Pencai wie auch andere fremde Kulturgüter nur kurze Zeit nach. Bald eigneten sie sich diese Kunst kraftvoll nicht nur dem Namen nach an, sondern förderten und verfeinerten sie genau wie die chinesische Gartengestaltung und viele andere Kultureinflüsse. Heute haben religiöse Inhalte in Japan geringere Bedeutung als ehemals, wenn auch der Einfluß des Zen-Buddhismus gerade bei Bonsai nach wie vor wirksam ist. Die Beliebtheit des Bonsai bei allen Altersklassen ist verständlich, da das japanische Volk die Natur in allen ihren Erscheinungen – allem voran Blumen und Pflanzen – in nationaler Einmütigkeit verehrt und wie kaum ein anderes Volk Schlichtheit und Schönheit kultiviert, eine Eigenschaft, die für die Vervollkommnung dieser kleinen Kunst in Japan wesentlich war und ist. Dabei ist jedoch zu betonen, daß die japanischen Gärtner und Bonsai-Liebhaber auch als Forscher scharf beobachtet haben müssen, sonst hätten sie nicht Techniken entwickelt, die sie heute als Gärtner in der ganzen Welt unvergleichlich machen. Die heutige Übervölkerung vieler Gebiete Japans ist ein weiterer Grund für die Ausbreitung dieser intensiven Art der Beschäftigung mit Pflanzen, um die Verbindung mit der Natur nicht zu verlieren. Heute gibt es in Japan über eine Million organisierter Bonsai-Anhänger, und seit 1934 finden alljährlich nationale Bonsai-Ausstellungen im Tokioter Kunstmuseum statt.

Japanische Bonsai-Meister sind die Lehrmeister für Bonsai-Liebhaber in aller Welt geworden.

Die jüngste Entwicklung ist die Übertragung der Bonsai-Vorstellungen auf Pflanzenarten, die nicht winterhart sind und ganzjährig oder zumindest im Winter in der Wohnung gehalten werden können; eine Möglichkeit der Beschäftigung mit Bonsai, unabhängig davon, ob Balkon oder Garten zur Verfügung steht. Im Abschnitt 8. wird ein Überblick dazu gegeben, ausführlich darauf einzugehen würde den Rahmen dieser Anleitung sprengen.

## 1.3. Die verschiedenen Baumformen

So wie es für den Maler des menschlichen Körpers unerläßlich ist, dessen Gestalt zu studieren, so ist es für eine erfolgreiche Gestaltung von Bonsai notwendig, die Formen der einzelnen Baumarten eingehend zu beobachten und erkennen zu lernen. Und nicht nur das: Es ist sehr nützlich, auch die »Haltung« junger und alter Bäume der gleichen Art zu unterscheiden sowie die veränderte Aus-

prägung ihrer Gestalt unter den verschiedenen Umweltbedingungen, wie etwa »freistehend im Tal« oder »freistehend im Gebirge zwischen den Felsen«. Fast alle vorkommenden Baumgestalten lassen sich übersichtlich in einen Formenkatalog gruppieren. Dabei ist, wie überall in der Natur, zu beachten, daß es Übergänge von der einen Form zur anderen gibt und daß kein Baum dem anderen gleicht. Selbst gleichaltrige Bäume derselben Art auf dem gleichen Standort unterscheiden sich voneinander, wie sich übrigens auch alle Bonsai voneinander unterscheiden, was der Beschäftigung mit ihnen noch zusätzliche Spannung verleiht.

### 1.3.1. Bäume Mitteleuropas

Was ist das Schwerste von allem?
Was dir das Leichteste dünket:
Mit den Augen zu sehen,
was vor den Augen dir liegt.
*Goethe*

Die in Japan am meisten verbreiteten Forstbäume, die Sicheltannen, eignen sich besonders mit ihren kurznadeligen Gartenformen hervorragend als Bonsai. Wir haben von diesem Baum kaum eine rechte Vorstellung, da er in Mitteleuropa allenfalls in botanischen Gärten zu finden ist. Ähnlich geht es uns auch mit manchen japanischen Formen, die zwar vielleicht unser Interesse und unsere Verwunderung hervorrufen, denen aber keine Baumform in unseren heimatlichen Landschaften entspricht; bizarr anmutende Formen mit wendeltreppenartig verdrehten Stämmen z.B. findet man in unserer Vegetation nicht. In den Pencai-Parks der Volksrepublik China und auf den alljährlich stattfindenden Bonsai-Ausstellungen in

Japan sind solche Gebilde kaum zu sehen; sicher gefallen sie den Kennern dort auch nicht.

Dagegen erinnern uns alte Eichen, Linden, Kiefern, Birken, Buchen wie auch noch andere Baumarten unserer Heimat mit ihren charakteristischen Stämmen und Baumkronen an Stimmungen, Erlebnisse, Volkslieder, Märchen: Sie sind vertraute Gefährten unserer Geschichte und unseres Lebens.

Bonsai wird hier in Europa vielleicht nur Fuß fassen können, wenn wir von den chinesischen und japanischen Lehrmeistern so viel wie möglich an gärtnerischem Können und gestalterischem Wissen lernen, diese Kenntnisse dann aber besonders auf Gehölze unserer Heimat anwenden, auf Pflanzen, mit denen die europäischen Völker seit Jahrtausenden zusammenleben. Wenn Altvertrautes mit einfließt, kann die fremdländische Kunst des Bonsai möglicherweise auch in unseren Landen heimisch werden.

Die nachfolgenden Bemerkungen über einige unserer Bäume und die Abbildungen sollen dazu anregen.

Kiefern

Unnahbar erscheinen sie uns, dunkel und ernst, ein Beispiel für Ausdauer und Genügsamkeit, nur wenige Wochen im Frühling tragen sie den zarten Schleier anmutiger Jugend. Wir schätzen sie wegen ihrer Nützlichkeit, die ihnen auch den Namen gab: Das Wort Kiefer ist zusammengezogen aus Kien und Föhre (als »Kinforen« aus dem 15. Jahrhundert belegt).

Ihr Geschlecht ist alt, aus vergangenen Erdzeitaltern auf uns überdauert und dennoch stark geblieben.

Wenn wir sie nicht aufgereiht in Forsten pflanzten, zu unserem Nutzen, fänden wir sie wohl nur auf Sandfluren, in Mooren oder aus Felsspalten wachsend oben im Gebirge, wohin die anspruchsvollen Laubbäume kaum folgen können. Und nur in diesen Kargheiten oder, zwar selten, als Einzelbaum am Waldrand oder im Park, gestalten sie sich zu unverwechselbaren »Individuen«. Sie zeigen uns, was zum Überleben, was zum Ausformen des Wesens notwendig ist:

- treues Verwurzeln im Grunde der Erde, im Hier und Jetzt,
- Abstand und damit Einsamkeit,
- langsames Wachsen und Standhalten.

Und so werden sie uralt. Heute noch wachsen sie in Kalifornien, die Grannenkiefern, Schwestern unserer Kiefer, die ältesten bekannten Lebewesen, Jahrtausenden trotzend. Zu Alexanders und Caesars Zeiten lebten sie schon, auch zur Zeit von Buddha und Confuzius; in der großen Epoche des Pyramidenbaus, vor 4500 Jahren, waren einige, die heute noch grünen, nach Menschenmaß schon unvorstellbar betagt.

Die Kiefer unserer Wälder, die Gewöhnliche Kiefer oder Föhre, wird nicht so alt – »höchstens« 600 Jahre – und kann eine Höhe von etwa 50 m erreichen. Aus ihr werden ein dauerhaftes Holz, Harz, ätherisches Öl und anderes gewonnen. Ihre Nadeln werden nur noch 2 bis 3, höchstens aber 5 Jahre alt. Einige andere in Mitteleuropa heimische Kiefernarten sind:

- die Rumelische Kiefer vom Balkan,
- die Pinie und die Aleppokiefer aus dem Mittelmeerraum (bei uns nicht winterhart),
- die Berg- oder Krummholzkiefer von den mittel- und südeuropäischen Gebirgen,
- die Schwarzkiefer aus dem südlichen Europa, vom Kaukasus bis nach Spanien,
- die Schlangenhautkiefer vom Balkan und aus Süditalien,
- die Zirbelkiefer oder Arve von den mitteleuropäischen Hochgebirgen.

Von den europäischen Kiefern eignen sich für Freiland-Bonsai besonders die niedrigen Wuchsformen der Gewöhnlichen Kiefer, der Schwarzkiefer und der Zirbelkiefer und auch die Bergkiefer mit ihren verschiedenen Wuchsformen. Als Zimmer-Bonsai mit kühler, frostfreier Überwinterung eignen sich Pinie und Aleppokiefer.

### Die Eichen

Schützend und freundlich zeigen sich uns die Linden; streng, hart, keinen Widerstand duldend, erscheinen die alten Eichen.

Sicher wirken auch in diesen Vorstellungen Reste mythischen Gedankengutes, die sich bis auf uns überliefert haben, häufig nicht ohne erklärbaren Grund. »Meide die Eiche, und suche die Buche!« so rät der Volksmund bei Gewitter. Heute wissen wir, daß bei Gewitter alle Bäume zu meiden sind und nicht nur die Eichen, deren rauhe, rissige Rinde bei Gewitterregen allerdings nicht so schnell zum Blitzableiter wird, wie z.B. die glatte Rinde der Buchen.

Die Germanen kannten diesen Zusammenhang nicht, vermuteten die Hand der Götter und weihten deshalb die Eichen ihrem Fruchtbarkeits- und Gewittergott Donar oder Thor.

Auch den slawischen Völkern war die Eiche heilig; sie galt als Wohnstätte ihres Donnergottes Perkun; selbst die Griechen und die Römer verehrten die Eichen, aus deren Rauschen die griechischen Priester die Stimme ihres höchsten Gottes Zeus hören wollten.

Vergil (70 bis 19 v. u. Z.) widmet dem Eichenbaum in seinem Gedicht vom Landbau folgende Zeilen:

»Die Eiche des Zeus,
die größte im Haine
und die der Griechenschar
als Orakel so heilige.«

Eichen sind uns ein Sinnbild für Unbeugsamkeit und Kraft geblieben. Die charaktervollen alten Eichenbäume unserer Landschaften gelten vielen als Symbol für den Baum schlechthin. Bis zur Einführung der Kartoffel in Europa (1750) war die Eiche auch ein wichtiger Fruchtbaum. Die Eicheln waren hochwertiges Schweinemastfutter, und die Schweine lebten während des Eichelfalls im Herbst in den Eichwäldern, die damals eine weit größere Verbreitung hatten als heute. Von den auf der nördlichen Erdhalbkugel verbreiteten 250 Eichenarten sind bei uns nur die Stiel- oder Sommereiche und die Trauben- oder Wintereiche häufig. Wegen ihrer kleinen Blätter eignen sich beide gut für Bonsai. Die wegen ihres schnellen Wuchses von der Forstwirtschaft bevorzugte Roteiche aus Amerika hat bedeutend größere Blätter; sie ist für Bonsai nicht zu empfehlen. Es ist falsch, die Stiel- oder Sommereiche als Deutsche Eiche zu bezeichnen. Mit gleichem Recht könnte man sie auch Englische, Französische, Tschechische oder Russische Eiche nennen, damit nur auf einige Länder ihres Verbreitungsgebietes hinweisend.

Die Linden

Freundliches, Lindes, Schützendes kommt uns in den Sinn beim Namen dieses Baumes:

- Linde im Deutschen,
- lipa in slawischen Sprachen,
- linden im Englischen,
- tilia im Lateinischen und
- tilleul im Französischen.

Kein anderer Baum ist so fest im Leben vieler europäischer Völker verwurzelt, im Volksglauben, in der Poesie, in ihren Bräuchen und Volksliedern.

Den germanischen und slawischen Völkern war die Linde heilig. Unter ihrem Schatten wurde Gericht gehalten und gearbeitet, die Jugend tanzte unter dem Lindenbaum, und die Alten ruhten sich in ihrem Schatten aus. Nicht nur der Name ist's – mit viel Angenehmem wirken die Linden auf unsere Sinne: mit ihrer anmutigen pyramidalen Gestalt, dem Duft ihrer Blüten und deren heilender Kraft, mit ihrem herzförmigen Laub, hellgrün im Frühling und golden im Herbst, ihrem hellen weichen Holz, das man früher auch »Lignum sanctum« (= heiliges Holz) nannte, da die Heiligenbilder daraus geschnitzt wurden.

Im Mittelalter standen Linden »unter dem Bann«, d.h., sie durften nicht gefällt werden, sie galten als »des Heiligen Römischen Reiches Bienengarten«, denn sie bieten ausgezeichnetes Futter für Bienen.

Ihr Holz ist leicht, weich und wegen der wenig ausgeprägten »Jahresringe« gleichmäßig, deshalb nimmt man es seit alters gern zur Herstellung von Gegenständen täglichen Bedarfs, für Holzschuhe und hölzerne Küchengeräte, aber auch für Möbel und Dielen.

Linden wachsen bis hinauf nach Skandinavien, im Süden bis Mittelitalien, Korsika und bis in den Kaukasus, ostwärts bis Archangelsk und westlich bis nach Spanien. In vielen Familien- und Ortsnamen ist das Wort Linde enthalten: Lindner,

Lindemann, Lindenau, Lindau oder Leipzig (aus dem slawischen Lipsko = Lindenort).

Linden können über 1000 Jahre alt werden und haben ein gutes Ausschlagvermögen.

Zu unterscheiden sind die großblättrigen Sommerlinden von den kleinblättrigen Winterlinden, die sich wegen ihres kleinen Laubes gut als Bonsai verwenden lassen.

Die Eschen

Sie gehören zur Familie der Ölbaumgewächse, jedoch berühmte Verwandte im Süden zu haben, ist nicht ihr einziger Vorzug. Während allerdings der gute Ruf der Ölbäume wegen ihrer Schönheit und Nützlichkeit die Jahrtausende überdauerte, wissen wir von der einstigen Bedeutung der Esche kaum noch, ja wir kennen sie kaum, trotz ihrer schönen gefiederten Blätter, die den Ebereschen ähneln und den ganzen Sommer ihr frischgrünes Aussehen bewahren.

In der nordischen Mythologie ist die Esche Yggdrasil der alle Himmel überwölbende Weltbaum, dessen drei mächtige Wurzeln hinab wachsen zu den Reichen der Menschen, der Riesen und der Unterwelt. Nicht weit von ihm, an der Quelle der Vergangenheit Urdh, halten die Götter täglich Rat und Gericht, und neben seinen Wurzeln leben die Nornen, die Göttinnen der Zeiten und des Schicksals, die das Geschick der Menschen und der Götter bestimmen. Auch die wunderbare Quelle der Weisheit, Mimir, sprudelt in seiner Nähe, Odin kehrt immer wieder zu ihr zurück, um daraus trinkend seine Weisheit zu vermehren. Und der Mann ist aus dieser Esche hervorgegangen, während das Weib aus der Erle oder der Ulme entstand.

Von all dem erfahren wir aus der Edda, einer Sammlung altnordischer Dichtungen.

Unsere Tischler und Holzfachleute wissen anderes und Nützlicheres zu berichten:

Die langen und unbeasteten schlanken Stämme dienten im Altertum zur Fertigung von Speeren, Spießen und Hellebarden, das langfaserige Holz bürgte für große Festigkeit. Deshalb findet es auch Verwendung für Schneeschuhe, im Wagen-, Boots- und Flugzeugbau, für Stiele und Griffe von Werkzeugen und für vieles andere. Das helle ausdrucksvolle Holz ist als Furnierholz beliebt.

Unsere Gemeine Esche ist weit verbreitet, von Schottland und Skandinavien im Norden bis an die Wolga im Osten, und selbst auf der Krim, in Griechenland, Süditalien und Nordspanien fühlt sie sich noch wohl, wenn die Standorte nur ihr großes Licht- und Wasserbedürfnis befriedigen. Sie wird höchstens 200 Jahre alt und 30 bis 40 m hoch. Die ursprüngliche Art eignet sich der großen Blätter wegen nur für große Bonsai; verschiedene ihrer Abarten und Gartenformen sind jedoch auch für mittlere Bonsai geeignet, so die »Einblattesche«, deren Blätter nicht gefiedert sind.

### 1.3.2. Chinesischer und japanischer Stil

Kahl und zerstört von Blitzen
sah ich den Kirschbaum im Herbste. –
Doch jetzt – wie ist er übersät
mit Blüten!
*Kikaku*

Jede Kunst, die kreativ und nicht nur reproduktiv ausgeübt wird, wandelt sich. Ein Ergebnis dieser Wandlungen sind die verschiedenen Stile, auch bei der Kunst des Pencai bzw. Bonsai. Hier soll nur auf einige Besonderheiten chinesischer und japanischer Stile in der jüngsten Vergangenheit und der Gegenwart eingegangen werden.

Auch von abwegigen Entwicklungen bis zum Kitsch blieb Bonsai wie alle Kunst nicht verschont. Während der Ming-Herrschaft (1368 bis 1643) und der Qing- (Mandschu-)Herrschaft (1644 bis 1911) ließen sich in den einzelnen Landesteilen Chinas verschiedene groteske Pencaiformen unterscheiden, z.B.

- die Pagodenform von Yangzhou,
- die Form der tanzenden Drachen von Anhui,
- die Regenwurmform von Sichuan.

Sie waren in den einzelnen Gebieten besonders beliebte volkstümliche künstliche Baumformen. Das geht auch aus einem Reisebericht des Engländers Robert Fortune (1813 bis 1880) hervor. Dieser Gärtner und China-Reisende schildert in seinem Buch »Dreijährige Wanderungen in den Nordprovinzen von China« auch chinesische Gärten und erwähnt dabei Zwergbäume: »Die Gärten enthalten eine Auswahl von chinesischen Zierbäumen und -sträuchern und sämtlich eine bedeutende Menge von Zwergbäumen. Manche der letzteren sind wirklich merkwürdig und liefern wieder ein Beispiel der Geduld und Empfindsamkeit dieses Volkes. Einige dieser Exemplare sind nur wenige Zoll hoch und sehen doch schimmelig vor Alter aus. Sie sollen nicht bloß alte Bäume in Miniatur sein, sondern werden auch dahin gebracht, wie die beliebtesten Pagoden des Landes auszusehen oder wie verschiedene Arten von Tieren, wie der Hirsch das Lieblingstier hier zu sein scheint. Gewöhnlich wird der Wacholder für den letzten Zweck gewählt, da sie ihn leicht in die gewünschte Form bringen können; Augen und Zunge werden nachher hinzugefügt, und die Darstellung ist im Ganzen betrachtet ziemlich gut ...«

In den vergangenen 60 bis 70 Jahren hat sich – besonders von Pencai-Meistern Guangzhous ausgehend – ein natürlicher Stil entwickelt, der wieder mehr von der chinesischen Landschaftsmalerei inspiriert ist.

Die neue Gestalt der Pencai wird ausschließlich ohne Drahten und Binden, nur durch den dauernden Wechsel von Wachsenlassen und Schneiden erzielt. Diese Gestaltungsmethode wird Lingnan-Schule genannt. Das Ergebnis sind knorrige, urwüchsige Baumgestalten mit teilweise sehr dicken Stämmen und Ästen, aber relativ schwachen, kurzen Zweigen (siehe Farbbilder 43 und 44).

In Japan verlief die Entwicklung in den letzten 200 Jahren ähnlich, wenn auch mit einem Ergebnis, das unserem heutigen Geschmack mehr entgegenkommt. Japanische Bonsai sind feiner, harmonischer gestaltet, bei manchen Meisterwerken kann man geradezu von Eleganz sprechen.

### 1.3.3. Europäischer Stil?

Bonsai ist lebende, immer gegenwärtige Erinnerung an die Schönheit des Waldes und der Landschaft.

Die Ausstellungen in der DDR und der ČSSR lassen erkennen, daß vielleicht einmal ein »europäischer Stil« entstehen wird, der sich an Baumgestalten orientiert, wie sie europäische Maler, z.B. Herkules Seghers (um 1589 bis um 1645), Antony Waterloo (um 1598 bis 1662), Rembrandt (1606 bis 1669), Caspar David Friedrich (1774 bis 1840) und Ludwig Richter (1803 bis 1884) dargestellt haben. Lebende Vorbilder bietet Europa in unendlicher Fülle in seinen Hoch- und Mittelgebirgen, wo im Kampf gegen Hunger, Dürre und Stürme Gehölze ihren Lebensraum behaupten, oder auch in den fruchtbaren Ebenen, wo Bäume frei stehend sich ungehemmt zu ihrer arteigenen Gestalt und Schönheit entfalten können.

Der Franzose Gerard Leprêtre hat auch erfolgreich versucht, für Bonsai vorwiegend einheimische, europäische Gehölze zu verwenden; er nennt seine Vorstellung, Bonsai zu gestalten und mit ihren Gefäßen europäischen Traditionen zu verbinden, »Bonsai à la Française«.

Wir sollten den Mut haben, viele Wege zu probieren – wenn auch mancher Irrweg dabei sein wird – um zu einer europäischen Art der Miniaturbaum-Gestaltung und -Betrachtung zu finden.

Das handwerkliche und künstlerische Rüstzeug zur Formung bietet uns das unvergleichlich hochstehende gärtnerische Können individueller Pflanzenerziehung und -pflege der ostasiatischen Bonsai-Meister, besonders der japanischen. Ob unser unruhiger europäischer Geist, der allzugern nüchtern zergliedert und fortschrittlich verändert, auch die ostasiatische Art der Betrachtung des Ganzen der Natur in einem ihrer

Teile nachempfinden kann? Ob wir unseren Geist auch ausgleichend – wie die Ostasiaten zum Beispiel am Objekt Bonsai – durch innere Sammlung zur Beherrschung und Stärkung erziehen können? Die Beantwortung dieser Fragen muß jeder für sich versuchen – mit ihrer Formulierung sollte auf Hintergründe östlicher Naturbetrachtung gewiesen werden. Bonsai kann ein weiterer, wenn auch kleiner Anstoß sein, uns in Europa damit auseinanderzusetzen.

### 1.3.4. Japanischer Baumformenkanon

Wenn man einen grünen Zweig im Herzen trägt,
kann sich ein Singvogel darauf niederlassen.
*Chinesischer Spruch*

Einen ersten Anhaltspunkt für die formende Arbeit an Miniaturbäumen bietet der japanische »Kanon der Baumformen«, der anschließend auszugsweise beschreibend und im Bild wiedergegeben wird. Die japanischen Bezeichnungen stehen hinter den deutschen Namen.

- Die »Streng aufrechte Form« – Chokkan (Zeichnung 2): Stamm gerade und senkrecht, Äste gleichmäßig nach allen Seiten am Stamm verteilt. Ein typisches Beispiel dafür ist eine gerade und gleichmäßig gewachsene Gemeine Fichte.
- Die »Geneigter Stamm-Form« – Shakan (Zeichnung 3): Stamm geneigt, die Spitze zur anderen Seite zeigend, Äste gleichmäßig nach allen Seiten am Stamm verteilt.

2

3

- Die »Windgepeitschte Form« – Fuki-nagashi (Zeichnung 4): Stamm geneigt, besonders in der Spitze, Äste mehr oder weniger gleichmäßig am Stamm verteilt, aber alle in die Neigungsrichtung des Stammes zeigend.
- Die »Frei aufrechte Form« – Moyogi (Zeichnung 5): Stamm an der Basis leicht geneigt, in meist zwei Schwingungen nach oben wachsend, die obere Schwingung kleiner, Äste gleichmäßig am Stamm verteilt.

4

5

- Die »Fächer- oder Besenform« – Hokidachi (Zeichnung 6): Stamm gerade, Äste wachsen mehr oder weniger von einer Stelle aus, fächerförmig oder einem Reisigbesen ähnlich.
- Die »Kaskaden- oder Hängeform« – Kengai (Zeichnung 7): Stamm hängt gebogen über den Felsen (Topfrand)

6

7

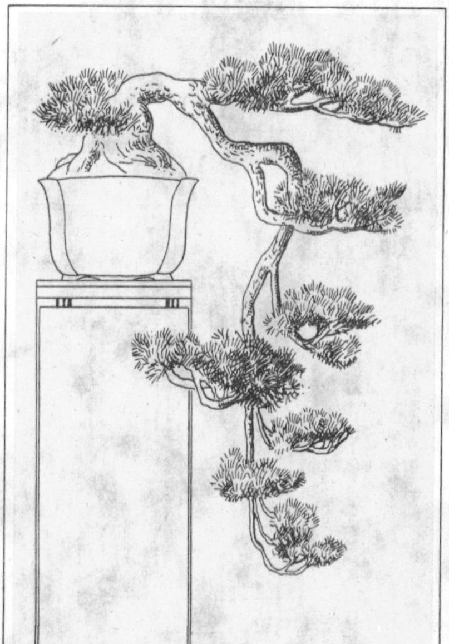

nach unten, Äste ungleichmäßig verteilt, waagerecht oder in Richtung der Neigung des Stammes wachsend.

- Die »Halbkaskaden- oder halbhängende Form« – Han-Kengai (Zeichnung 8): wie die Kaskaden- oder Hängeform, aber nicht hängend, sondern waagerecht über den Felsen oder das Wasser (Topfrand) hinausragend.
- Die »Felsenform« – Ishitsuki (Zeichnung 9): Baum, der über einen Felsen gewachsen ist, seine Wurzeln wachsen über den Felsen in die Erde.
- Der »Zwillingsstamm« – Sokan (Zeichnung 10): zwei Stämme unterschiedlicher Stärke aus einer Wurzel.
- Der »Dreierstamm« – Sankan (Zeichnung 11): drei Stämme unterschiedlicher Stärke aus einer Wurzel.
- Der »Mehrfachstamm« – Kabudachi (Zeichnung 12): wörtlich »Klumpenwachstum«, da alle Stämme wie aus

8

10

9

11

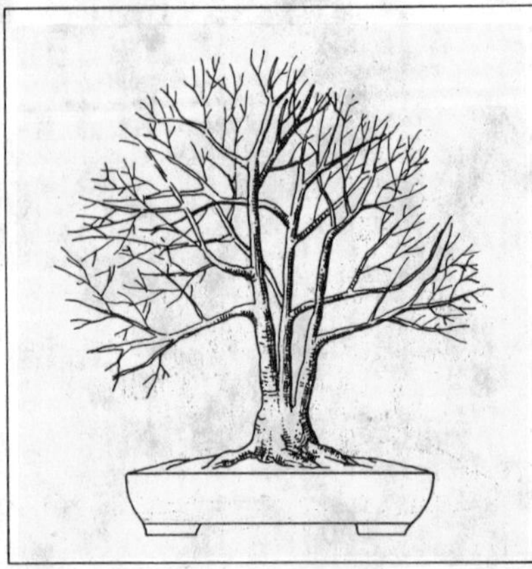

einem Wurzelhalsklumpen hervorkommen, mehrere Stämme aus einem Wurzelstock wachsend.

- Die »Floßform« – Ikadabuki (Zeichnung 13): aus einem flach auf bzw. im Boden liegenden Stamm wachsen senkrecht Äste und erwecken damit den Eindruck von Einzelstämmen.
- Die »Waldform« – Yose-ue (Zeichnung 15): mehrere Bäumchen unterschiedlicher Stammstärke, deshalb meist auch unterschiedlichen Alters, zusammengepflanzt, damit den Eindruck eines Wäldchens erweckend.

Endlich soll noch die »Literaten-« oder »Gelehrtenform« – Bunjin-gi –

12

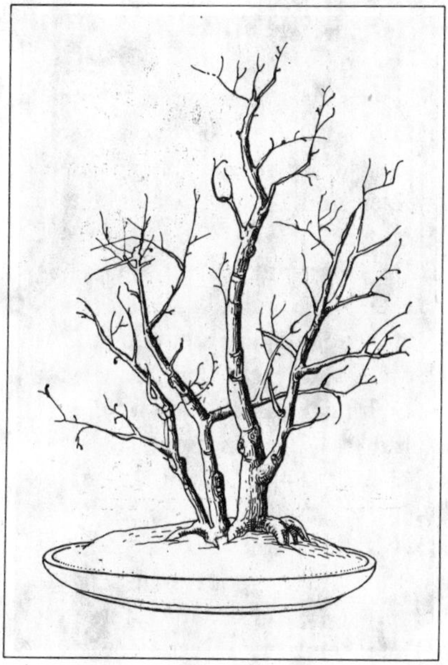

14

13

15

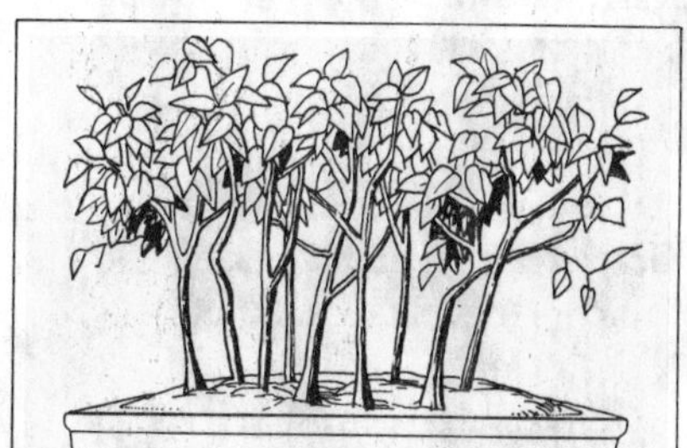

genannt werden (Zeichnung 14): Der Stamm ragt bei dieser Form mit leichten Biegungen schräg und weit nach oben und hat Äste nur in seinem oberen Drittel oder Viertel. Es gibt auch mehrstämmige Literatenformen.

Eine gute Literatenform zu gestalten, ist schwer und dauert lange. Sie zeichnet sich durch Eleganz und Zartheit aus und ist zwar der Natur nachgebildet, realisiert aber bei Bonsai den Stil einer südchinesischen Malerschule aus dem 14. bis 17. Jahrhundert, »Nanga« genannt. Ihre Anhänger waren meist keine professionellen Maler, sondern Gelehrte, Theologen und Dichter, welche den orthodoxen strengen Malstil ablehnten und freier gestalteten. Im 18. Jahrhundert griffen japanische Maler diese Tendenzen auf, und der Stil der Meister dieser Richtung in Japan, Bunjin-ga, war Vorbild für jene freie, schlichte Darstellungsform.

Die Literaten- oder Gelehrtenform ist also weniger eine natürliche Baumform als ein besonderer Stil, der seinen Anhängern die Freiheit gibt, ihre subjektiven einfachen poetischen Formvorstellungen bei Bonsai zu realisieren, ohne sonst übliche Gestaltungsvorschriften zu beachten.

Es gibt noch andere japanische Baumform-Bezeichnungen, mit denen selten in der Natur vorkommende Gestalten erfaßt werden:

- »Gespaltener Stamm« – Sabamiki.
- »Treibholz« – Sharimiki: mit teilweise totem, gebleichtem Holz.

»Bonkai« dagegen ist keine Baumform, sondern der japanische Name für Miniaturlandschaften, neuerdings auch »Saikei« genannt.

Einige weitere für verschiedene europäische Bäume charakteristische Formen werden hier angefügt:

Die »Säulenform mit waagerecht abstehenden Ästen«, wie bei einer schlanken alten Tanne.

Die »Säulenform mit aufstrebenden Ästen«, wie bei der Pyramidenpappel oder der Mittelmeer-Zypresse.

Die »Hängeform« mit aufrechtem Stamm, aufrechtem bzw. waagerechtem Astgerüst und herabhängenden Zweigen und Trieben, wie bei der Trauerweide.

Die »Schirmform« mit breit gewölbter Baumkrone, wie bei alten freistehenden Kiefern oder den Pinien des südlichen Europa.

Auch nach ihrer Größe werden Bonsai in Japan eingeteilt:

Miniatur-Bonsai sind bis 5 cm hoch, kleine Bonsai bis 15 cm, mittlere bis 30 cm und große bis 60 cm. Aber auch noch größere, bis 2 m hohe Pflanzen in Gefäßen werden bei entsprechend guter Gestaltung als Bonsai angesehen, wie die berühmte »Kiefer der Begrüßung« am Eingang zum Longshua-Park von Shanghai.

Eine gröbere Einteilung bezeichnet mit Miniatur-Bonsai – »Mame«-Bonsai, wie sie in japanischer Sprache heißen – alle diejenigen, die man mit ihrem Gefäß bequem auf einem Handteller tragen kann (Mame = Bohne). Mittlere Bonsai muß man mit zwei Händen tragen, und alle Bonsai, für deren sicheren Transport zwei Personen notwendig sind, nennt man große Bonsai.

# 2. Ausgangsmaterial

Weder das Reden von sieben Weisen
noch das Geschwätz
von sechs Gelehrten sind nötig,
den Bambus sprießen zu machen.
*Chinesischer Spruch*

Auch der eindrucksvollste alte Miniaturbaum war einmal jung und wuchs aus einem Samenkorn oder einem Steckling heran, selbst wenn er erst als ältere Pflanze in das Gefäß gepflanzt worden ist.

Es gibt viele Möglichkeiten, die Anzucht und Gestaltung eines Miniaturbaumes zu beginnen. Im folgenden soll ausführlich darauf eingegangen werden.

Um allzugroßen Enttäuschungen vorzubeugen, sollte sich der Anfänger aber vorerst mit den einfachsten pflanzenphysiologischen Zusammenhängen der Vermehrung und Jungpflanzenzucht vertraut machen und einige damit im Zusammenhang stehende gärtnerische Techniken erlernen.

Bei der Behandlung junger Pflanzen ist immer daran zu denken, daß es sich um zarte Lebewesen handelt, die im Keim- bzw. Jugendstadium besonderer Pflege und regelmäßiger Aufmerksamkeit bedürfen, genauso wie Menschen- und Tierkinder. Am meisten lernt man durch ständiges Beobachten der Natur.

Obwohl es am langwierigsten ist, Miniaturbäume aus Samen oder Stecklingen heranzuziehen, sollen diese Methoden zuerst beschrieben werden, denn dabei erwähnte Grundsätze der Jungpflanzenpflege gelten sinngemäß auch für die anderen Vermehrungsmethoden.

Verluste werden am Anfang nicht ausbleiben. Die Möglichkeit von Fehlern besonders beim Gießen, Düngen und Überwintern ist zu groß. Dem Anfänger wird deshalb geraten, mit mehreren Pflanzen zu beginnen. Er kann an Sämlingen und Stecklingen Erfahrungen sammeln und gleichzeitig auch andere Methoden der Vermehrung probieren. Je zeitiger in der Entwicklung der Pflanzen gestaltende Eingriffe vorgenommen werden, desto unauffälliger sind deren Spuren (Narben).

Dennoch sollte der Neuling außerdem auch im Fachgeschäft einen bereits vorkultivierten jungen Miniaturbaum kaufen und sich mit mehrjährigen geeigneten Baumschulpflanzen versuchen (siehe 2.4. und 2.5.). Wer vieles probiert, dem wird manches gelingen, und er hat den Vorteil, aus Fehlern lernen zu können.

## 2.1. Saatgut

Bonsai erzieht zur Bescheidenheit,
denn die Natur
erfüllt unsere Wünsche nicht alle.

Die am meisten verbreitete Art der natürlichen Vermehrung im höheren Pflanzenreich ist die geschlechtliche (generative) Vermehrung, die Vermehrung durch Samen.

Die Anzucht eines Miniaturbaumes aus Samen ist allerdings die Methode, welche die meiste Geduld erfordert, gleichzeitig aber auch jene, bei der man die Entwicklung der Pflanzen von Anfang an beobachten und beeinflussen kann. Immerhin dauert es von der Aussaat an je nach Pflanzenart 5 bis 7 Jahre, bis man von einem Miniaturbaum sprechen kann.

Der erste Schritt ist das Sammeln – oder Erwerben – des Saatgutes. Die Begriffe »Bonsai-Samen« und »Miniaturbaum-Samen« sind irreführend und sollten deshalb nicht verwendet werden. Es gibt kein Saatgut, aus dem zwangsläufig Miniaturbäume entstehen, es gibt allerdings Pflanzenarten bzw. -sorten, die sich besser als andere dazu eignen, um aus ihrem Saatgut oder aus ihren Jungpflanzen mit Hilfe gärtnerischer und gestalterischer Eingriffe Miniaturbäume heranzuziehen.

Wer Samen sammeln will, muß wissen, daß die Samen meist einzeln oder zu mehreren in den Früchten verschlossen sind, z.B. in den Nüssen (Bucheckern) der Buchen, in den roten Becherfrüchten der Eiben, in den Hagebutten der Rosen. Bei Kiefern, Fichten, Tannen, Lärchen, Wacholder, Lebensbaum, Scheinzypressen befinden sich die Samen in den Zapfen, den Fruchtständen dieser Nadelgehölze, falls man nicht zur Reifezeit zu spät kommt und Vögel und Eichhörnchen schon vorher geerntet haben. Deshalb sammelt man die Zapfen der meisten Nadelgehölze schon vor der Vollreife; denn zur Reifezeit fallen sie auseinander, der Samen ginge verloren.

Die Zapfen müssen nach der Ernte noch geklengt werden. Unter »Klengen« versteht man das Erwärmen der Zapfen mit Hilfe von trockener warmer Luft. Unter Wärmeeinwirkung (nicht über 45 °C) öffnen sich die Zapfen und geben den Samen frei.

Die Früchte der Bäume reifen zu unterschiedlichen Jahreszeiten, vorwiegend in der zweiten Jahreshälfte, und müssen dann sofort gesammelt werden. Im ersten Sommer oder im Herbst nach der Blüte reifen die Früchte der meisten Laubbäume, aber auch die der Tannen, Eiben und Lärchen. Die Fichtenzapfen erntet man im folgenden Winter (November bis Februar). Die Kiefernzapfen reifen sogar erst im Herbst oder Spätsommer des zweiten Jahres.

Beim aufmerksamen Gang durch den Wald wird man bald entdecken, daß zur Reifezeit, besonders unter alten Bäumen, Früchte bzw. Samen zu finden sind. Auch in den Parks kann man Früchte bzw. Samen sammeln; dort stehen oft schöne und seltene Baumarten. Die gesammelten Früchte werden gereinigt, und die Samen werden kühl (0° bis +5 °C) und trocken überwintert, eventuell im Kühlschrank. Am besten ist es für viele Arten, wenn die natürlichen Verhältnisse des Waldes nachgeahmt werden: Anfangs trocken lagern, 1 bis 2 Monate vor der Aussaat im Frühjahr in feuchten Sand oder in feuchte sandige Erde einschichten und dann bei niedrigen Temperaturen (etwa +5 °C) bis zur Aussaat aufbewahren. Der Sand bzw. die Erde darf nur feucht, nicht etwa naß sein, ist nur locker aufzufüllen, und muß auch immer feucht gehalten werden. Der Gärtner nennt diese Maßnahme eine »kalte Stratifikation« (von lat. stratus = die Schicht, da das Saatgut in das feuchte Substrat eingeschichtet wird), sie dient der Keimvorbereitung und erhöht den Anteil voll keimfähiger Samen. Der Samen muß von Zeit zu Zeit kontrolliert werden; sollte er begonnen haben zu keimen, muß sofort ausgesät werden.

Manche Arten brauchen über ein Jahr Stratifikationsdauer, bevor man sie mit Erfolg aussäen kann. Hierher gehören unter anderem die Eschen und Eiben, der Gingko sowie einige Kiefern- und Wacholderarten; diese werden also erst im zweiten Frühjahr nach der Ernte ausgesät.

Einige Pflanzenarten bilden hartschalige Samen aus, das heißt Samen, deren Schale wasser- und luftundurchlässig ist. Diese Samen keimen unter natürlichen Verhältnissen erst, wenn ihre Schalen durch Einwirkung von Mikroorganismen des Bodens wasser- und luftdurchlässig geworden sind. Die Durchlässigkeit kann man künstlich erreichen, indem die Samen zwischen Sand- oder Glaspapier kräftig gerieben oder die einzelnen Samen angeritzt oder mit einer Nadel angestochen werden. Zu den Pflanzenarten mit hartschaligen Samen gehören auch einige Gehölze, z.B. Robinien und Linden.

Samen anderer Baumarten dagegen verlieren ihre Keimfähigkeit schnell, vornehmlich die im Frühjahr reifenden Samen der Schwarzbirken, Weiden, Ulmen und Zelkoven; sie sind ohne besondere Behandlung gleich nach der Ernte auszusäen. Eine Ausnahme bildet die Chinesische Ulme, deren Samen im Herbst reift.

Die beste Zeit zur Aussaat ist das Frühjahr (März bis April). Allerdings muß gewährleistet sein, daß die zarten Sämlinge vor Spätfrösten, die in unseren Breiten noch bis weit in den Mai hinein möglich sind, geschützt werden können. Sehr empfindlich sind Ahorn- und Lindensämlinge.

## Aussaathinweise für einige Gehölzarten

Die Pflanze gleicht den eigensinnigen Menschen,
von denen man alles erreichen kann,
wenn man sie nach ihrer Art behandelt.
*Goethe*

Es ist bei der Vielzahl der Gattungen und der meist großen Anzahl von Arten innerhalb der Gattungen nicht möglich, allgemeingültige Aussagen zu machen und für alle Arten zutreffende Hinweise zu geben. Folgende Tabelle gibt nur einen Überblick.

**Aussaathinweise für einige Gehölzarten**

| Pflanzennamen | Stratifikation | Erntezeit | Aussaatzeit | Bemerkungen |
|---|---|---|---|---|
| Ahorne | | | | |
| Fächerahorn | ca. 5–6 Monate | X– XI | Frühjahr | |
| Feldahorn | – | X– XII | Herbst | vorher trocknen |
| Feuerahorn | ca. 2–3 Monate | IX– XII | Frühjahr | |
| Rotahorn | – | VI– VII | sofort nach Ernte | |
| Spitzahorn | ca. 3–4 Monate | X– XI | Frühjahr | trocken und kühl lagern |
| Birken | – | VI–VIII | Frühjahr | trocken und kühl lagern (Lichtkeimer) |
| Schwarzbirken | – | VI–VIII | sofort nach Reife | |
| Eiben | ca. 1 Jahr | VIII– X | Frühjahr | Samen auswaschen, dann sofort stratifizieren |
| Eichen | | X | Frühjahr | einweichen, bis sich Keime zeigen |
| Erbsenstrauch | – | VII–VIII | Mai | trocken lagern |
| Fichten | 2–4 Wochen | XII– II | Mitte Mai | |
| Gingko | ca. 1 Jahr | X– XII | Frühjahr | Samen auswaschen, vor Aussaat einweichen |
| Hainbuchen | – | X– XII | Herbst | |
| Kiefern | 1–3 Monate | X– II | April | Zirbelkiefer 1 Jahr stratifizieren |
| Lärchen | 2–4 Wochen | X– IV | Mitte Mai | |
| Linden | ca. 2 Jahre | IX– X | Frühjahr | siehe auch Seite 31 |
| Ölweiden | 2–3 Monate | IX– XI | Frühjahr | Samen auswaschen |
| Robinien | ca. 1 Jahr | XI– XII | Frühjahr | siehe auch Seite 31 Ernte nach 1. Frost |
| Rotbuchen | ca. 4 Wochen | X | Frühjahr | Saatgut trocken lagern |

| Pflanzennamen | Stratifikation | Erntezeit | Aussaatzeit | Bemerkungen |
|---|---|---|---|---|
| Scheinzypressen | manche Arten 1 Jahr | VIII– IV | Frühjahr | einzelne Arten haben verschiedene Ansprüche |
| Sicheltannen | – | | sofort nach Erhalt | Aussaat stark schattieren |
| Tannen | 2–4 Wochen | XI– II | April | |
| Ulmen | – | V– VI | sofort nach Ernte | vorher einige Tage einweichen |
| Ulme, Chinesische | 1–2 Monate | IX– X | Frühjahr | |
| Wacholder | 1 Jahr | IX– XII | Frühjahr | |
| Weißbuchen | – | X– XII | Herbst | |
| Weißdorn | ca. 1,5 Jahre | VIII– X | Frühjahr | Saatgut auswaschen |
| Zelkoven | – | | sofort nach Erhalt | |
| Zwergmispel | – | VIII– X | Frühjahr | |

Sollte eine Aussaat nicht keimen, dann kann es daran liegen, daß das Saatgut taub oder nicht mehr keimfähig war. Manche Aussaaten »überliegen« noch ein Jahr, besonders wenn sie unsachgemäß gelagert worden sind.

Ausgesät wird in Blumentöpfe oder Schalen, denn es handelt sich nur um kleine Samenmengen.

Man nehme für jede Art ein anderes Aussaatgefäß, da die einzelnen Arten unterschiedlich lange Zeit zum Keimen brauchen und dementsprechend auch unterschiedlich weiterbehandelt werden müssen. Alle Töpfe und Schalen müssen im Boden Abzugslöcher haben, damit überflüssiges Wasser abfließen kann. Die Aussaatgefäße dürfen nicht zu klein und besonders nicht zu flach sein. Je flacher sie sind, desto schneller trocknet die Erde darin aus, was für die keimende Aussaat sehr nachteilig ist. Die Erdschicht in den Gefäßen soll mindestens 6 cm dick sein. Gut eignen sich die Aussaat- oder »Pikierschalen« der Gärtner.

Es ist notwendig, 50 bis 100 Prozent mehr Samen auszusäen, als man dann Pflanzen braucht, denn nicht jedes Samenkorn ist keimfähig, und nicht jeder Sämling eignet sich für die weitere Anzucht. Auch ein Ausfall durch Schädlinge ist nicht immer auszuschließen, und endlich geht bei der weiteren Anzucht noch manche Pflanze verloren.

Man verwendet für die Aussaat eine sandige, humose Erde, z. B. ein Gemisch aus 2 Teilen Torfmull und 1 Teil Sand. Anstelle von Torfmull ist auch Lauberde oder verrottete Nadelerde aus dem Wald geeignet, letztere besonders für die Aussaat von Nadelgehölzen. In jedem Fall aber ist die Erde mit Sand zu mischen. Die Erde muß nährstoffarm sein; Komposterde ist ungeeignet. Der Gärtner desinfiziert Erden, die er für Vermehrungszwecke verwendet, mit Hilfe von Dampf. Er erhitzt sie auf 85 bis 100 °C und tötet damit in der Erde vorhandene Unkrautsamen und Krankheitserreger ab. Geringe Erdmengen lassen sich in einem Einkochtopf durch Erhitzen auf 100 °C keimfrei machen.

In die Gefäße kommt als Drainage erst eine dünne Schicht feiner Kies, damit das Wasser gut abziehen kann. Darauf wird die vorher gut gemischte Erde gefüllt, die besonders bei feinen Samen nicht zu grob sein sollte. Die Erdschicht wird gut geglättet, und nun kann die Aussaat vorgenommen werden.

Grobes Saatgut legt man einzeln mit einer Pinzette aus, feines Saatgut sät man gleichmäßig und nicht zu dicht direkt aus der Samentüte aus. Sehr feines Saatgut mischt man vor dem Aussäen mit etwa der doppelten Menge trockenem Sand, um einer zu dichten Aussaat vorzubeugen.

Trocken gelagerte Samen legt man vorher 1 bis 2 Tage in Wasser, damit sie schon quellen und vorkeimen. Samen, der oben schwimmen bleibt, kann entfernt werden, denn er ist taub und keimt nicht.

Der in Sand oder Erde gelagerte (stratifizierte) Samen wird vorsichtig entnommen, denn möglicherweise hat er schon begonnen zu keimen. Es ist nicht nachteilig, wenn ihm noch etwas Sand anhaftet.

Es ist besser, zu weit als zu dicht auszusäen. Die jungen Sämlinge müssen später ausreichend Platz und auch von allen Seiten genug Licht haben, damit sie sich kräftig und gedrungen entwickeln, worauf bei der Anzucht von Miniaturbäumen von Anfang an unbedingt zu achten ist.

Nach der Aussaat drückt man das Saatgut mit einem Brettchen an, damit jedes Korn sich dicht in die Erde einfügt. Nun wird die Aussaat vorsichtig mit Erde abgedeckt; man verwendet die gleiche Erdmischung wie für die Aussaat; die Erde muß besonders feinkörnig sein. Feines Saatgut wird nicht abgedeckt.

Die Deckschicht ist etwa 2- bis 3mal so dick wie die jeweiligen Samenkörner. Zum Abdecken kann man auch feinen Sand nehmen. Damit die Deckschicht nicht verkrustet, darf er aber keine Tonanteile enthalten; diese sind vorher durch Waschen und Spülen des Sandes zu entfernen. Anschließend wird der Sand getrocknet, denn er muß gut streufähig sein. Zum Abdecken (Übersieben) der Aussaaten nimmt man am besten ein feines Sieb. Darauf ist durchdringend anzugießen. Man verwendet eine kleine Gießkanne mit feiner Brause. Steht eine solche Gießkanne nicht zur Verfügung, dann stellt man die Aussaatgefäße in ein flaches Gefäß mit Wasser und läßt die Erde sich von unten her langsam vollsaugen.

Die Aussaat darf nicht austrocknen; deshalb deckt man sie entweder mit Glasscheiben ab oder mit dünner, vorher gewässerter Folie; dadurch wird gleichzeitig verhindert, daß Mäuse oder Vögel Schaden anrichten.

Es ist vorteilhaft, die einzelnen Gefäße mit dem Namen der Pflanzenart und dem Datum der Aussaat zu beschriften.

Der Standort für die Aussaatgefäße muß gut überlegt werden. Sie dürfen nicht der prallen Sonne ausgesetzt sein, höchstens am Morgen oder am späten Nachmittag. Als Standplatz eignen sich also am besten das Fensterbrett, eine schattige Stelle auf dem Balkon, eine geschützte Stelle im Garten und selbstverständlich auch der Frühbeetkasten oder das Gewächshaus. Die Gefäße müssen waagerecht stehen, damit beim Gießen das Wasser nicht nach einer Seite abläuft, sondern die gesamte Erdschicht gut durchfeuchtet.

Nun ist die Aussaat aufmerksam und regelmäßig zu beobachten:

Die Erde darf niemals austrocknen, sonst würden die zarten Keimwurzeln vertrocknen, und die Aussaat wäre verloren. Andererseits darf keine stehende Nässe entstehen, denn dann würden die Keimlinge bzw. deren Wurzeln faulen. Am besten, man denkt sich als Maßstab die gleichmäßige Feuchtigkeit eines guten Waldbodens im Frühjahr.

Sobald die ersten Keime die Erde durchstoßen, muß die Glasscheibe bzw. die Folie abgenommen werden. Nun trocknet die Erde schneller aus als vorher. Es wird also öfter kontrolliert und wenn notwendig gegossen, damit auch die später keimenden Pflanzen nicht vertrocknen.

Die weitere Pflege der Sämlinge ist einfacher:

Sie bleiben das ganze Jahr über in den Aussaatgefäßen. Nur wenn sie zu dicht stehen, wird durch Herausziehen einiger Pflanzen etwas ausgelichtet.

Neben regelmäßigem Gießen kann man im Sommer mit einer schwachen Düngung (50 Prozent der im Abschnitt 4.3. angegebenen Mengen) das Wachstum fördern, aber erst, wenn die Sämlinge außer den Keimblättern schon 4 bis 5 Laubblätter gebildet haben. Nadelgehölz-Sämlinge werden vor dem Verpflanzen nicht gedüngt.

Während der hellsten Sonnenstunden am Tage sollten die Sämlinge im Schatten stehen oder »schattiert« werden, damit die zarten jungen Blätter nicht verbrennen. Dabei ist wieder an die natürlichen Verhältnisse des Waldes zu denken. Dort wachsen die jungen Sämlinge im lichten Schatten der großen Bäume windgeschützt heran. Als Schattiermaterial eignet sich Zeitungspapier oder leichter, heller, nicht zu dicht gewebter Stoff.

Windgeschützte Standorte sollte man sich entsprechend den örtlichen Gegebenheiten und der jeweils vorherrschenden Windrichtung aussuchen.

Zur Überwinterung müssen die Sämlinge Schutz erhalten. Es genügt, wenn sie – besonders bei fehlender Schneedecke – vorsichtig mit Reisig zugedeckt vor Wind und Sonneneinstrahlung geschützt werden. Auch das Überwintern in einem Frühbeetkasten ist möglich. Bei frostfreiem Wetter ist er aber unbedingt zu lüften, damit keine Fäulnis auftritt. Die Sämlinge der immergrünen Arten sollen auch im Winter bei frostfreiem Wetter Licht erhalten, damit sie assimilieren können.

## 2.2. Ungeschlechtliche Vermehrung

Bei dieser Vermehrungsform, die auch unter dem Begriff »vegetative Vermehrung« bekannt ist, wird die Fähigkeit der Pflanzen genutzt, sich unter bestimmten Voraussetzungen aus einem Teilstück zu regenerieren.

Manche Pflanzen vermehren sich auch unter natürlichen Bedingungen auf diese Art selbst, z.B. durch Ausläufer, Rhizome, Brutzwiebeln und Brutknollen.

Die ungeschlechtliche Vermehrung wird in der Pflanzenanzucht besonders dann angewendet, wenn bestimmte Pflanzenarten keinen Samen ansetzen oder wenn dieser unter unseren klimatischen Bedingungen nicht ausreift.

Es gibt auch viele Gartenformen (= Sorten), die aus Samen nicht »echt fallen«, d.h., die aus Samen gezogenen Nachkommen dieser Gartenformen haben wieder das Aussehen der ursprünglichen wilden Art, oder sie sehen alle verschieden aus. Der Fachmann sagt dazu: Die Nachkommenschaft »spaltet auf«.

In den folgenden Abschnitten werden ungeschlechtliche Vermehrungsarten beschrieben, die sich für die Bonsai-Anzucht eignen.

### 2.2.1. Stecklinge

Die Vermehrung durch Stecklinge wird im großen Maßstab in den Baumschulen und Zierpflanzen-Gärtnereien angewendet. Man muß zwischen weichen (krautigen), halbharten und harten (verholzten) Stecklingen unterscheiden, außerdem zwischen den sommergrünen Laubgehölzen wie Weide, Birke, Ahorn, die als Gruppe 1 zusammengefaßt werden, den wintergrünen (immergrünen) Laubgehölzen wie Rhododendron, Buchsbaum, Stechpalme, Gruppe 2, und den Nadelgehölzen, Gruppe 3.

Außer den erwähnten Gehölzen vermehrt man durch Stecklinge noch viele andere. Von den für die Bonsai-Anzucht geeigneten sind dies besonders Efeu, Eibe, Feuerdorn, Forsythie, Sicheltanne, Südbuche, Tanne (Zwergformen), Wacholder, Zelkoven, Zierquitte, Zwergmispel, Zwergzypresse.

Die sommergrünen Laubgehölze (Gruppe 1) vermehrt man durch weiche bis halbharte Stecklinge etwa ab Mitte Juni bis Ende Juli. Der genaue Zeitpunkt richtet sich nach dem Reifegrad der Stecklinge. Ist der Steckling noch zu weich, zu krautig, dann fault er leicht, ist er aber zu hart, besteht die Gefahr, daß er nicht wurzelt. Den richtigen Reifegrad erkennt man im allgemeinen daran, daß an der vorgesehenen Schnittstelle die Rinde anfängt zu bräunen.

Die wintergrünen Laubgehölze (Gruppe 2) werden etwas später, ab Mitte Juli bis August, durch harte Stecklinge, also solche von ausgereiften Trieben, vermehrt. Der richtige Reifegrad der Stecklinge ist hier erst erreicht, wenn auch die Triebspitzen nicht mehr weich sind.

Die Nadelgehölze (Gruppe 3) werden ebenfalls durch harte Stecklinge vermehrt, jedoch erst im Frühjahr kurz vor dem Austrieb. Es ist zwar auch möglich, sie durch ausgereifte Triebspitzen von Ende Juli an zu vermehren, aber dieser Zeitpunkt ist dem Laien nicht zu empfehlen, weil im August gesteckte Stecklinge bis zum Einbruch des Winters sich oft nicht mehr bewurzeln.

Stecklinge der Laubgehölze werden mit Schere oder Messer 5 bis 10 cm lang von kräftigen Trieben der Mutterpflanze abgeschnitten. Die genaue Länge richtet sich nach dem Blattabstand. Stecklinge mit großem Blattabstand werden länger als solche mit kurzem Blattabstand geschnitten.

Viele Arten wurzeln in Nähe der Blattansätze am besten, deshalb schneidet man die Stecklinge etwa 2 bis 3 mm unter einem Blattansatz.

Große, weiche Blätter kürzt man etwas, um die Verdunstungsfläche zu verringern. Die unteren 2 bis 3 Blätter sind vorsichtig zu entfernen, damit sie beim Stecken nicht mit in die Erde kommen. Sie würden einerseits den Halt des Stecklings in der Erde behindern, andererseits könnten sie faulen (siehe Farbbild 48). Diese Arbeiten müssen an einem windgeschützten Platz im Schatten ausgeführt werden, denn die Stecklinge sollen so frisch wie möglich bleiben. Deshalb ist es vorteilhaft, sie gleich nach dem Schnitt anzufeuchten und bis zum Stecken feucht zu halten, am besten in dünne Folie verpackt.

Nadelgehölzstecklinge werden nur von vollkommen ausgereiften Trieben und je nach Pflanzenart in einer Länge von 3 bis 15 cm geschnitten oder gerissen.

Am besten eignen sich gut entwikkelte, aber nicht zu kräftig, »mastig«, gewachsene Spitzen- oder Seitentriebe. Sie werden bis an das vorjährige Holz heran geschnitten. Der Fachmann sagt, die Stecklinge werden »auf Astring« geschnitten (siehe Farbbild 49).

Das »Reißen« der Stecklinge wird ohne Messer, nur mit der Hand vorgenommen. Die Stecklinge werden entgegen ihrer Wuchsrichtung vom vorjährigen Holz abgerissen. Dabei bleibt ein Bart am Grund des Rißlings hängen. Dieser wird mit dem Messer kurz abgeschnitten (siehe Farbbild 50).

Die Nadeln am unteren Ende der Stecklinge sind vorsichtig zu entfernen. Das trifft jedoch nicht auf Zwergkoniferen zu.

Bei schwer wurzelnden Stecklingen, besonders der immergrünen Gehölze wie z.B. stark verholzten Rhododendron, kann durch seitliche »Verletzung« der Basis des Stecklings die Bewurzelung gefördert oder überhaupt erst ermöglicht werden. Die Verletzung geschieht, indem je nach

Stärke und Länge des Stecklings seitlich an der Basis ein 2 bis 3 cm langer Streifen Rinde vom darunterliegenden Teilungsgewebe (= Kambium) abgezogen wird (siehe Farbbild 51).

Zur Förderung einer schnellen Bewurzelung ist die Anwendung von Wuchsstoffen (entsprechend den Anwendungsvorschriften) zu empfehlen.

Als Vermehrungserde wird eine Mischung verwendet, wie sie für die Aussaat auf Seite 33 angegeben wurde. Sie muß wasser- und luftdurchlässig, aber nährstoffarm sein, es dürfen also weder organische noch anorganische Dünger beigemischt werden (siehe dazu auch Abschnitt 4.3.).

Die Stecklinge werden in vorher gut gesäuberte Blumentöpfe, Schalen oder Holzkisten gesteckt.

Die Gefäße müssen auf jeden Fall Abzugslöcher im Boden haben und sollen so hoch sein, daß nach dem Stecken noch Glasscheiben aufgelegt oder Folie darüber gespannt werden kann, um die Stecklinge, die sich ohne Wurzeln nicht mit Wasser versorgen können, durch ein »Kleinklima« mit hoher Luftfeuchtigkeit vor Verdunstung weitgehend zu schützen.

In die Gefäße kommt als untere Schicht feiner Kies, darauf die Erdmischung, und auf die geglättete Erde wird eine dünne Schicht (0,5 bis 1 cm) feiner Sand gezogen. Nun wird das Pflanzsubstrat mit einem kleinen Brett angedrückt und vor dem Stecken schon einmal angegossen, dann steckt es sich besser.

Diese Vorbereitungen sollte man vor dem Schnitt der Stecklinge treffen, damit die Stecklinge unmittelbar nach dem Schneiden (und Präparieren) gesteckt werden können. Die Stecklinge müssen fest stehen; beim Stecken ist also gut anzudrücken. Es wird flach gesteckt, etwa 1 bis 2 cm tief, denn Stecklinge wurzeln in der oberen, gut durchlüfteten Schicht besser als in den tieferen Schichten. Bei weichen und bei dünnen Stecklingen empfiehlt sich, mit einem spitzen Stab ein Loch vorzubohren.

Nun wird durchdringend angegossen, aber sehr vorsichtig, damit die Stecklinge nicht umfallen. Sofort danach werden Glasscheiben aufgelegt oder wird dünne, vorher gewässerte Folie über das Pflanzgefäß gespannt. Man kann auch mit Hilfe von starken Drahtbügeln und Folie einen »Tunnel« über die Vermehrungsgefäße bauen, gewissermaßen ein Miniaturgewächshaus. Die Gefäße werden schattig gestellt. Günstig ist die Aufstellung in einem Frühbeetkasten oder auf dem Fensterbrett.

Stecklinge benötigen zur schnellen Bewurzelung gleichmäßige Temperaturen. Die beste Bodentemperatur liegt zwischen 15 und 20 °C. Der Gärtner spricht davon, daß die Stecklingsvermehrung einen »warmen Fuß« nötig hat. Starke Erwärmungen sind genauso nachteilig wie starke Abkühlungen. Vor Erwärmung schützt man durch Schattieren und vor Abkühlung durch geschützten Stand, damit die Temperaturen in den Vermehrungsgefäßen besonders nachts nicht zu tief absinken.

Die Erde in den Gefäßen muß immer feucht gehalten werden.

Die einzelnen Pflanzen werden getrennt in die Gefäße gesteckt, da sie unterschiedlich lange Zeit bis zur Bewurzelung benötigen. Nadelgehölze brauchen am längsten, einige Arten bis zu einem Jahr.

Die Wurzelbildung setzt frühestens nach 5 bis 6 Wochen ein. Man erkennt sie daran, daß die Stecklinge anfangen zu wachsen. Wenn es soweit ist, wird begonnen zu lüften, erst wenig und täglich nur kurze Zeit, allmählich dann immer mehr und länger, um die Stecklinge langsam abzuhärten. Das Lüften geschieht durch Anheben der Glasscheiben bzw. der Folie, so daß ein Luftaustausch erfolgen kann. Nach 1 bis 2 Wochen Lüften sind die Stecklinge genügend widerstandsfähig, und das Abdeckmaterial kann ganz entfernt werden. Damit warte man jedoch auf einen windstillen Tag, um den Pflanzen den Übergang zu erleichtern.

Nach dem Abhärten nimmt man sie heraus, lockert vorher aber vorsichtig die Erde auf, damit keine Wurzeln abreißen, pflanzt sie um oder topft sie ein. Im Spätsommer bzw. Herbst vermehrte Stecklinge läßt man den Winter über in den Gefäßen und topft sie im Frühjahr ein. Weiterbehandlung siehe Abschnitt 3.

### 2.2.2. Steckholz

Für diese einfache Vermehrungsmethode eignen sich nur laubabwerfende Bäume und Sträucher wie Erbsenstrauch, Flieder, Forsythie, Ölweide, Ulme, Weide, Zierquitte, Zwergmispel.

Steckholz wird im Winter, von Dezember bis Februar, geschnitten, es hat also kein Laub und ist ausgereift. Man schneidet Triebe, die im vergangenen Sommer gewachsen sind, und wählt dabei weder die schwächsten Triebe noch die stärksten. Die dünnen Triebspitzen werden kurz über einem Auge mit dem Messer entfernt. Mit Messer oder Schere wird der übrige Trieb zerteilt. Ein Steckholz sollte 15 bis 25 cm lang sein und 2 bis 3 Augen bzw. Augenpaare besitzen. Der untere Schnitt liegt unmittelbar unter einem Auge.

Fertig zugeschnittene Steckhölzer bündelt man, wobei alle unteren Enden nach einer Seite liegen, denn Steckholz bewurzelt sich nur am unteren Ende. Diese Bündel werden bis zum Frühjahr feucht in Moos oder Torfmull eingepackt und frostfrei bei 0 bis 5 °C aufbewahrt: im Kühlschrank, im Keller oder in einem anderen kühlen Raum.

Mit dem unteren Ende nach unten steckt man sie im Frühjahr fest in ein gut vorbereitetes Gartenbeet, 10 bis 15 cm tief. Dazu sollte hier wie bei den Stecklingen mit einem Pflanzholz oder einem spitzen Stab vorgelocht werden. Nur ein Auge darf über der Erde stehen.

Wegen der Unkrautbekämpfung ist es praktisch, Steckhölzer in Reihen mit einem Reihenabstand von 15 bis 20 cm und einem Abstand innerhalb der Reihe von 5 cm zu stecken. Man kann Steckholz auch in Blumentöpfe oder Balkonkästen stecken, wenn man keinen Garten hat.

### 2.2.3. Ableger, Absenken, Anhäufeln

Durch diese Vermehrungsmethoden kann man in kürzerer Zeit als durch Stecklinge oder Steckholz zu kräftigen Jungpflanzen kommen. Da die Mutterpflanzen dazu aber ausgepflanzt sein müssen, benötigt man einen Platz im Garten. Ein weiterer Vorteil liegt darin, daß bei diesen Methoden nur wenig regelmäßige Pflege notwendig ist.

Besonders gut eignen sich Sträucher sowie kriechende Gehölze, allerdings von Bäumen nur solche mit niedrigen, schleppenden Ästen, wenn man diese Vermehrungsarten zur Anzucht von Miniaturbäumen nutzt.

Ableger
Vorjährige Triebe der Mutterpflanzen werden im Frühjahr vor dem Austrieb in kurzem Bogen in etwa 10 cm tiefe Rillen in den Boden eingelegt, ohne sie von der Mutterpflanze zu trennen, und mit Haken festgehalten. Die Rillen bleiben so lange offen, bis die Augen der abgelegten Triebe ausgetrieben haben und über die Erdoberfläche gewachsen sind. Erst dann werden sie mit lockerer Erde bedeckt. Die krümelige Erde soll die jungen Triebe fest umschließen, darf aber die Triebspitzen nicht bedecken. Die neuen Triebe bilden an ihrer Basis Wurzeln, wenn die Erde ständig feucht gehalten wird (siehe Zeichnung 16).

Frühestens im Herbst kann man den niedergelegten Trieb an der Mutterpflanze abschneiden, vorsichtig aus der Erde nehmen und zerteilen. Die so gewonnenen kleinen Ableger mit ihren zarten Wurzeln dürfen nicht zu lange der Luft ausgesetzt bleiben, sonst vertrocknen die Wurzelspitzen, und das weitere Wachstum würde sich verzögern.

Absenken
Mit dieser Methode kann man Eisenholzbaum, Hainbuche, Hartriegel, Haselnuß und Zwergkoniferen vermehren. Eisenholzbaum und auch Hainbuche brauchen allerdings 2 bis 3 Jahre zur Bewurzelung.

Beim Absenken wird ebenfalls im Frühjahr ein vorjähriger Trieb in

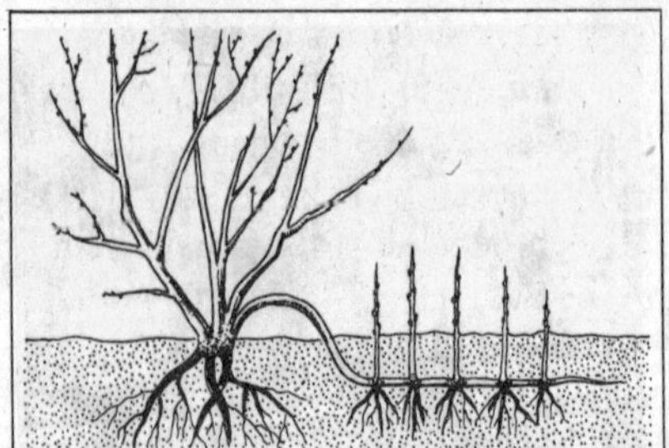

16

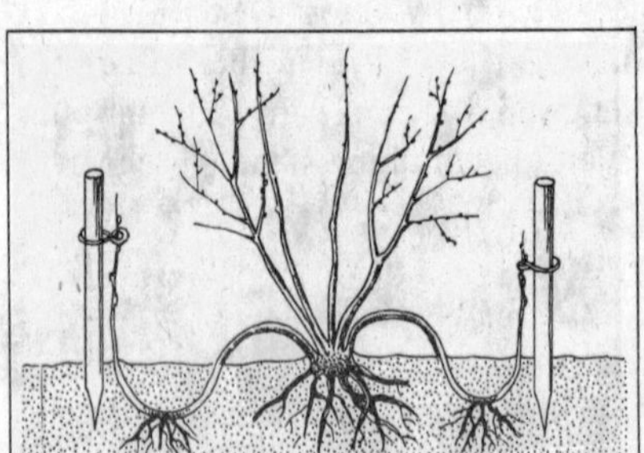

17

einem kurzen Bogen in die Erde eingesenkt. Der Bogen muß so kurz wie möglich sein (siehe Zeichnung 17). Die Spitze des Triebes wird wieder nach oben gebogen. An der am tiefsten liegenden Stelle wird der Trieb im Boden festgehakt, damit er sich nicht lockert oder hochschnellen kann. Das herausragende Ende wird an einen Stab gebunden; dadurch liegt der Trieb auch bei starkem Wind fest, und der Bewurzelungsprozeß wird nicht gestört. Um die Bewurzelung zu fördern, kann man an der am tiefsten gelegenen Stelle des abgesenkten Triebes (dort, wo er wurzeln soll) auf seiner Unterseite einen langen, scharfen Schnitt in Längsrichtung von oben nach unten führen. Dieser Schnitt darf nur bis zur Mitte des Triebes gehen (siehe Zeichnung 18).

Ständiges Feuchthalten ist außerdem wichtig für die baldige Wurzelbildung. Nach der Bewurzelung wird der Trieb – wie die Ableger – von der Mutterpflanze getrennt und eingepflanzt. Im Gegensatz zum Ablegen erhält man beim Absenken nur eine junge Pflanze.

Anhäufeln

Durch Anhäufeln kann man unter anderem Zierapfel und Zierkirsche vermehren.

Während man beim Ablegen und Absenken mit den Trieben zur Erde geht, kommt man beim Anhäufeln gewissermaßen mit der Erde zu den Trieben.

Für diese Vermehrungsmethode darf die Mutterpflanze noch nicht alt sein. Sie wird im zeitigen Frühjahr kurz über dem Boden abgeschnitten (siehe Zeichnung 19).

Nun erscheinen im März/April neue Bodentriebe aus dem Wurzelstock. Wenn diese etwa 20 cm Höhe erreicht haben, werden sie mit einer lockeren humosen Erdmischung so hoch angehäufelt, daß nur noch die Spitzen der Triebe herausragen.

Dem weiteren Wachstum entsprechend kann dann das Anhäufeln noch ein- oder zweimal wiederholt werden. Die Erde soll zwar locker liegen, zwischen den Trieben dürfen aber keine Hohlräume bleiben. Die Erde ist ständig feucht zu halten. In der angehäufelten Erde werden die Schößlinge je nach Pflanzenart schon im ersten, spätestens jedoch im zweiten Jahr an ihrer Basis genügend Wurzeln bilden. Danach richtet sich,

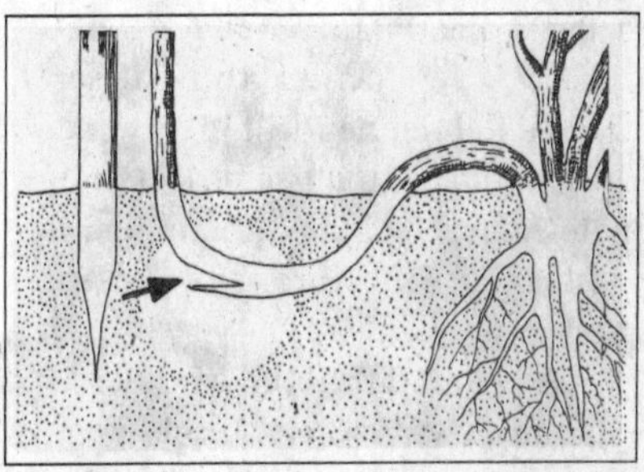

18

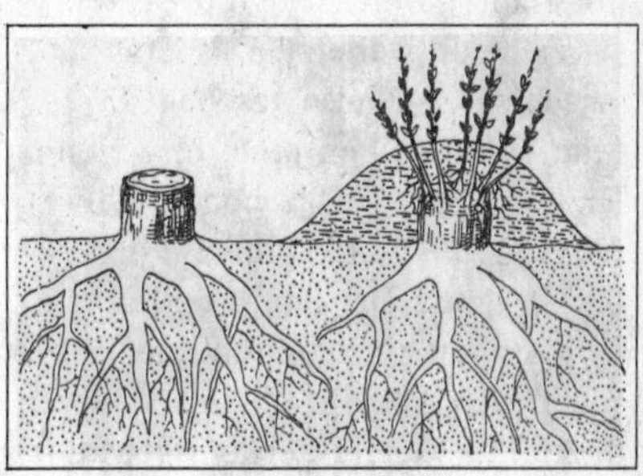

19

ob man sie schon im ersten oder erst im zweiten Herbst von der Mutterpflanze abtrennen und einzeln weiter behandeln kann.

Die durch Anhäufeln gewonnenen Jungpflanzen werden Rißlinge genannt. Die Mutterpflanzen lassen sich wiederholt für das Anhäufeln verwenden.

### 2.2.4. Abmoosen

Diese Vermehrungsmethode wird auch »Markottieren«, »Chinesisches Ablegen« oder »Luftablegen« genannt. Es ist eine alte chinesische Technik der Vermehrung und wird dann angewendet, wenn man von einer älteren, größeren Pflanze, in unserem Fall von einem Gehölz, einen schön gewachsenen kräftigen Teil bewurzeln will, um ihn dann als selbständige Pflanze weiter zu ziehen. Der Teil, den man mit dieser Technik abtrennen will, darf weder zu groß noch zu alt sein. Die geeignete Jahreszeit zur Vorbereitung ist das zeitige Frühjahr, wenn der Austrieb beginnt.

Als erste Maßnahme wird der Stamm (bzw. Ast) etwa 2 bis 3 cm unterhalb der Stelle, wo er später wurzeln soll, verletzt. Das kann auf verschiedene Weise geschehen:

- Man wickelt einen nichtrostenden Draht an der beschriebenen Stelle ein- oder zweimal straff um den Ast bzw. Stamm. Der Draht darf aber die Rinde nicht einschnüren; das Einschnüren geschieht später von allein durch das weitere Dickenwachstum des Astes. Zusätzlich wird die Rinde oberhalb des Drahtes durch kleine Längsschnitte bis in das Holz des Astes verletzt (siehe Zeichnung 20).
- Man »gürtelt« den Stamm, d.h., man entfernt mit dem scharfen Messer in einer Breite von 1 bis 4 cm je nach Stärke des Stammes die Rinde rings um den Stamm bis auf den Holzteil (siehe Zeichnung 21).
- Man kann auch einen bis drei 1,5 bis 3 cm lange Schrägschnitte von unten nach oben in Richtung auf sein Zentrum in den Stamm führen. Der

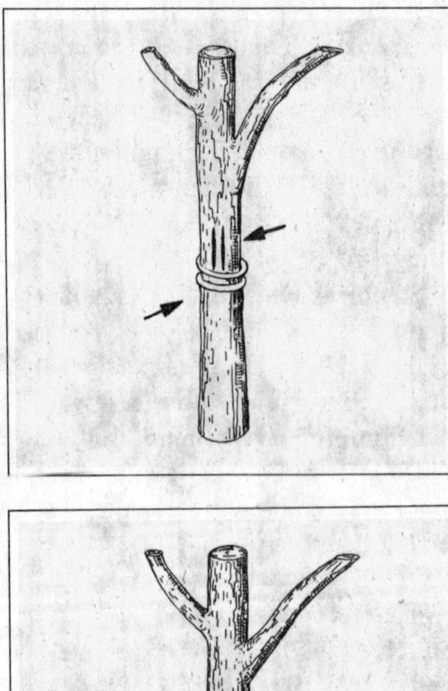
20

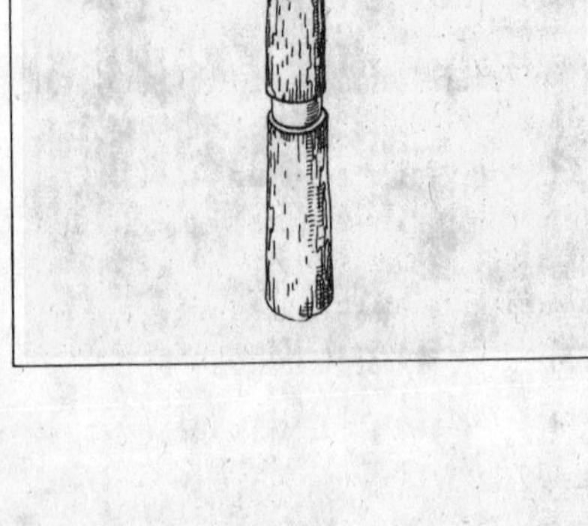
21

Spalt wird durch ein wenig Sphagnum-Moos oder mit einem kleinen Holzstück etwas offen gehalten (siehe Zeichnung 22).

Nach einer dieser Vorbereitungen wird der Stamm an der präparierten Stelle mit feuchtem Moos umgeben. Dieser Moosballen von etwa Faustgröße wird mit Bindfaden festgeschnürt, damit er nicht verrutschen kann. Anschließend umwickelt man die Packung mit einem Stück Folie und bindet sie oben und unten zu (siehe Zeichnung 23). Unter durchsichtiger Folie entwickelt sich bei Sonnenbestrahlung eine zu hohe Temperatur, deshalb sollte man lichtundurchlässige, besser noch reflektierende Folie nehmen. Bewährt hat sich, über durchsichtige Polyäthylenfolie Aluminiumfolie zu wickeln.

Der Sitz des Moosballens und sein Feuchtigkeitsgehalt sind von Zeit zu Zeit zu kontrollieren. Das Moos muß immer feucht gehalten werden. Die verletzten Gewebe des Stammes bilden vorerst Wundgewebe (Kallus), aus dem dann später Wurzeln entstehen, die in das Moos hineinwachsen. Es ist wichtig, abzuwarten, bis sich reichlich Wurzeln gebildet haben. Erst dann wird der Trieb unterhalb der bewurzelten Stelle abgeschnitten. Am besten wartet man damit, bis die Pflanze nicht mehr in aktivem Wachstum ist. Manche Arten, besonders Nadelgehölze, wurzeln erst im zweiten Jahr.

Sollte es notwendig sein, an dem für das Abmoosen vorgesehenen Pflanzenteil den Astschnitt oder das Auslichten vorzunehmen, dann hat es vor dem Abtrennen von der Mutterpflanze zu geschehen. So erleichtert man den neuen Wurzeln die Versorgung der Pflanze.

Vor dem Eintopfen wird das Moos entfernt, ohne die zarten Wurzeln zu verletzen oder gar abzureißen. Es ist besser, das Moos zu belassen, als die Wurzeln zu gefährden. Die Zeit zwischen der Trennung von der Mutterpflanze und dem Einwurzeln in die Erde ist kritisch.

Der eingetopfte Teil ist sorgfältig und schonend zu behandeln. Die

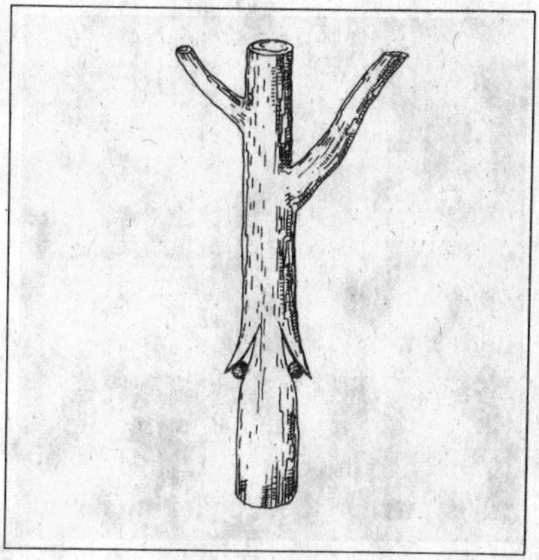

22

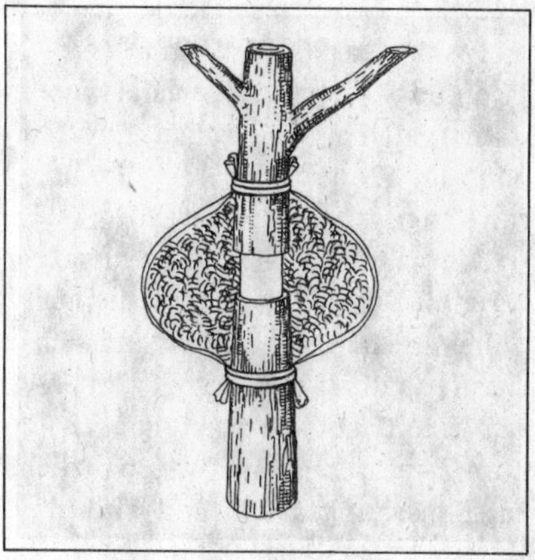

23

frisch eingetopfte neue Pflanze muß vor Wind und Sonne geschützt aufgestellt werden. Es ist ratsam, die Pflanze am Topf oder an einem beigesteckten Stab festzubinden, damit sie nicht durch Wind oder Stoß gelockert wird. Durch Übersprühen, je nach Wetter mehr oder weniger häufig, erleichtert man ihr den Übergang und das Einwurzeln.

Das Abmoosen ist schwierig, langwierig und nicht immer erfolgreich. Man sollte es an jungen, weniger wertvollen Pflanzen üben, bevor man wertvolle Pflanzenteile abmoost.

### 2.2.5. Pfropfung (Veredelung)

Als »Pfropfung« bezeichnet man die künstliche Vereinigung eines Pflanzenteiles, des Pfropfreises oder Auges, mit einer geeigneten »Unterlage«. Reis und Unterlage verwachsen miteinander zu einer Pflanze. Sie ernährt sich mit den Wurzeln der Unterlage aus dem Boden und mit den Blättern des Pfropfreises aus der Luft.

Diese Vermehrungsmethode – es gibt viele verschiedene Arten der Pfropfung – wird in Spezialbetrieben unter anderem im Obstbau, im Weinbau und bei der Ziergehölz-Vermehrung angewendet.

Für viele Nadelgehölz-Formen und für einige der Laubgehölze, die aus Samen nicht »echt fallen« und sich schwierig durch Stecklinge vermehren lassen, ist die Pfropfung auch zum Zweck der Jungpflanzenanzucht für Bonsai angebracht und wird in Baumschulen angewendet. Zum Beispiel werden kurz- und blaunadelige Formen der Mädchenkiefer durch die Pfropfungsmethode »Seitliches Einspitzen« vermehrt. Als Unterlage dafür wird die Schwarzkiefer verwendet.

Wer sich eingehender über die verschiedenen Pfropfungsarten für Vermehrungszwecke informieren will, dem steht entsprechende Fachliteratur zur Verfügung (siehe Literaturverzeichnis). Lediglich drei Pfropfungsarten sollen hier erwähnt werden, weil sie brauchbare Maßnahmen sind, geschädigte wertvolle Miniaturbäume zu »reparieren« oder »Schönheitskorrekturen« vorzunehmen.

Die folgenden Hinweise sind bei den hier erwähnten Pfropfungsarten zu beachten:

- Der aufgepfropfte Pflanzenteil oder die aufgepfropfte Pflanze muß in den angeführten Beispielen von der gleichen Art sein wie die Unterlage.
- Die Pfropfung gleicht einer Operation, bei der es auf sauberes und schnelles Arbeiten ankommt. Die Schnittflächen dürfen weder verunreinigt noch trocken werden; deshalb wählt man einen windstillen, trüben Tag. Die Schnitte übt man vorher an Zweigen oder Ästen von Bäumen der gleichen Art oder Gattung.
- Für das Augenpfropfen (Okulieren) braucht man ein Okuliermesser und für die anderen Pfropfungsarten ein Kopuliermesser. Die Messer müssen sehr scharf sein und sind vor Gebrauch peinlich genau zu säubern, am besten durch Abflammen zu desinfizieren, damit auf den Schnittflächen keine Infektionen von Fäulnispilzen auftreten.

- Die Schnittflächen der zusammengefügten Teile müssen gut aufeinander passen, besonders die Rindenschichten mit der unmittelbar darunter liegenden sogenannten Kambiumschicht (teilungsfähiges Gewebe zwischen Rinde und Holz), sonst wachsen sie nicht zusammen.
- Unmittelbar nach dem Pfropfen wird die Pfropfstelle mit Bast fest umwikkelt und mit Baumwachs bestrichen.
- Die durch die Pfropfung geschwächten Pflanzen werden windgeschützt aufgestellt. Dafür eignet sich ein Folientunnel oder der Frühbeetkasten. Das aufgepfropfte Reis kann sich bis zum Verwachsen mit der Unterlage nicht mit Wasser versorgen, deshalb muß auch hier – wie bei der Stecklingsvermehrung beschrieben (siehe 2.2.1.) – ein Kleinklima mit hoher Luftfeuchtigkeit geschaffen werden. Die Temperaturen sollen gleichmäßig sein, deshalb ist bei sonnigem Wetter zu schattieren.
- Nachdem die Schnittflächen verwachsen sind, werden die Pflanzen langsam abgehärtet, der Bast wird im nächsten Jahr entfernt.

Ablaktieren oder Absäugeln
Der Begriff Ablaktieren kommt aus dem Lateinischen und bedeutet »der Muttermilch entwöhnen«. Bei dieser Pfropfungsart wird das Pfropfreis nicht wie sonst üblich von der Mutterpflanze getrennt, sondern bleibt noch solange mit ihr verbunden, bis die Pfropfung vollkommen verwachsen ist.

Das Ablaktieren ist geeignet, an einem Miniaturbaum beispielsweise einen fehlenden Ast anzusetzen, um seine Schönheit zu vervollkommnen.

Man wählt eine im Topf stehende, eventuell weniger wertvolle Pflanze aus, die den passenden Ast abgeben könnte. Sie wird so neben den zu korrigierenden Miniaturbaum gestellt, daß an der gewünschten Stelle der Ast gepfropft, ablaktiert, werden kann (siehe Zeichnung 24).

Dazu wird an der im Topf stehenden Pflanze an der Stelle, wo sie ablaktiert werden soll, eine 3 bis 5 cm lange Schnittfläche freigelegt, die nicht ganz bis zur Mitte des Triebes oder Astes reichen darf. Eine entsprechende Schnittfläche erhält auch der Miniaturbaum in gleicher Höhe. Beim Zusammenfügen der beiden Schnittflächen müssen sich die Rindenschichten auf einer Seite, besser auf allen Seiten, decken. Die Pfrop-

24

25

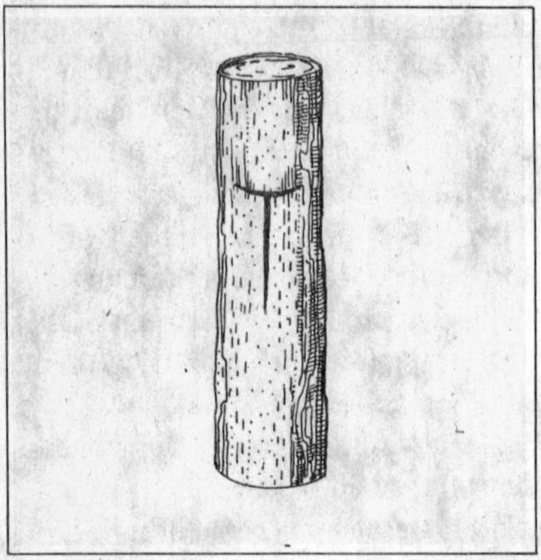

26

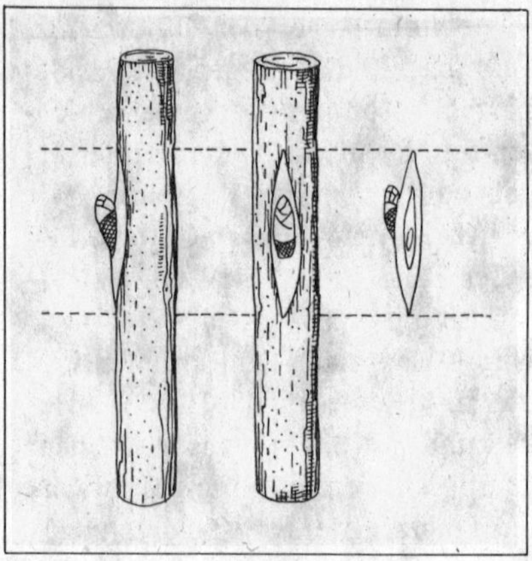

fung wird fest mit Bast verbunden und mit Baumwachs bestrichen. Erst nachdem die Pfropfungsstelle gut verwachsen ist, wird unmittelbar darunter die das Reis spendende Pflanze sauber abgeschnitten, denn das Reis kann nun von der Unterlagenpflanze ernährt werden.

Der günstigste Zeitpunkt für das Ablaktieren ist das beginnende aktive Wachstum im Frühjahr.

### Okulieren oder Augenpfropfung

Die einfachste Pfropfungsart mit dem besten Verwachsungsergebnis ist das Okulieren, die Augenpfropfung. Bei Nadelgehölzen ist die Okulation nicht anwendbar. Sie eignet sich ebenso für Schönheitskorrekturen wie das Ablaktieren. Da beim Okulieren aber als Ausgangsmaterial nur ein Auge mit einem kleinen Stück der umgebenden Rinde unter die Rinde der Unterlage eingesetzt wird, dauert es länger, bis sich z. B. der fehlende Ast aus diesem Auge entwickelt und auch die gewünschte Stärke erreicht hat.

Mit »Auge« bezeichnet man eine schlafende Knospe, die sich im Winkel zwischen Trieb und Blattstiel befindet. Man geht folgendermaßen vor:

- In der Unterlage an der gewünschten Stelle am Stamm wird ein T-förmiger Schnitt angebracht: zuerst ein 10 bis 15 mm langer waagerechter Schnitt und anschließend ein etwa 20 mm langer senkrechter Schnitt. Beide gehen bis auf das Holz. Die Schnittlänge richtet sich nach der Stärke des Triebes bzw. Stammes und der Größe des Auges (siehe Zeichnung 25).
- Nun wird dem bereitliegenden Reis nicht etwa von der Spitze oder von der Basis, sondern aus dem Mittelteil ein Auge mit der umgebenden Rinde entnommen (siehe Abbildung 26). Bei diesem Schnitt muß unbedingt die zwischen Rinde und Holzteil liegende Kambiumschicht mit herausgeschnitten werden. Sollte etwa ein starkes Holzschildchen mit herausgelöst worden sein, ist dieses zu entfernen, da es das Verwachsen behindern würde. Ein schwaches Holzschild-

chen kann verbleiben. Befindet sich unter dem Auge ein Blatt, so wird es entfernt, nur der Blattstiel bleibt erhalten.
Jetzt löst man mit dem Löser (siehe Zeichnung 27) des Okuliermessers an der Unterlage, am Berührungspunkt von Quer- und Längsschnitt beginnend, die beiden Rindenlappen so weit, daß man das Auge mit seinem Rindenschildchen vorsichtig dahinterschieben kann. Man darf die Rindenlappen nicht zu weit lösen, sonst sitzt das Auge nicht fest. Ragt oben ein Teil Rinde des Auges über den Querschnitt hinaus, wird dieser Teil mit einem vorsichtigen Schnitt in den Querschnitt hinein abgetrennt. Nach dem Einsetzen des Auges muß die Pfropfstelle sofort mit Bast oberhalb und unterhalb des eingesetzten Auges fest verbunden werden. Anschließend wird die Verbindungsstelle mit Baumwachs bestrichen.

Die beste Zeit für das Okulieren ist der Sommer, da sich dann die Rinde gut vom Holzteil lösen läßt. Das ist eine Voraussetzung für den Erfolg.

Vorspann geben
Mit dieser Pfropfungsart (einer Abwandlung des Ablaktierens) können an wertvollen älteren Bonsai verletzte oder geschädigte Hauptwurzeln ersetzt werden, so daß die Pflanzen vor dem Kümmern oder Absterben bewahrt bleiben. Manche sonst einwandfreie Pflanzen haben an der Stammbasis, die sich nach unten allseitig verbreitern sollte, einen Schönheitsfehler, da an einer Seite eine kräftige Wurzel fehlt. Eine fehlende Wurzel kann man mit Hilfe dieser Pfropfungsart einsetzen.

Die notwendigen Arbeiten lassen sich am besten ausführen, wenn der Miniaturbaum entweder im Garten ausgepflanzt oder für 2 bis 3 Jahre in ein größeres Gefäß umgepflanzt wird.

Bei älteren dickrindigen Pflanzen verfährt man folgendermaßen: Eine junge wüchsige Pflanze (der Vorspann) der gleichen Art wie der zu »reparierende« Miniaturbaum wird im Frühjahr nahe neben diesen gepflanzt, dorthin, wo die Wurzel fehlt. Im folgenden Frühjahr löst man am Miniaturbaum von unten nach oben einen Rindenstreifen in der Breite des Stämmchens des daneben gepflanzten Vorspanns, ohne ihn oben abzutrennen. Die junge Pflanze wird genau in der Höhe vom oberen Ende des gelösten Rindenstreifens abgeschnitten und von zwei Seiten keilförmig zugespitzt. Die Spitze wird hinter den Rindenstreifen geschoben, mit diesem zusammen festgenagelt und sauber mit Baumwachs verstrichen (siehe Zeichnung 28).

Bei dünnrindigen jungen Pflanzen geschieht die Verbindung der beiden Pflanzen auf eine andere Weise: Ein

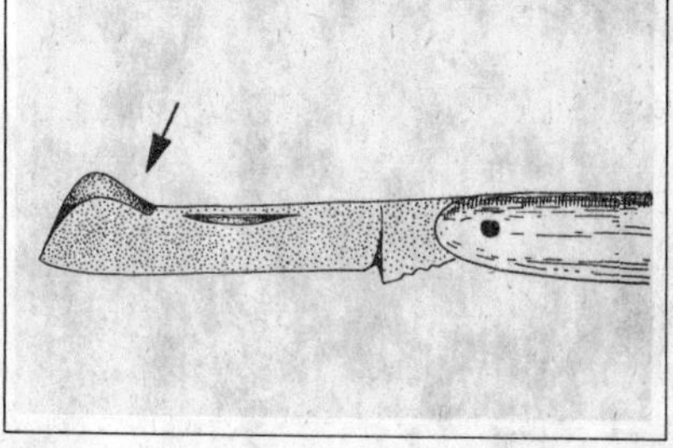

27

Jahr nach der Pflanzung des Vorspanns wird dieser so weit wie möglich unten abgeschnitten und keilförmig zugespitzt. Am Miniaturbaum wird ein T-Schnitt in die Rinde vorgenommen, aber gerade umgekehrt wie beim Okulieren. Unterhalb des Querschnittes wird die Rinde halbmondförmig abgelöst. Nun wird der Keil des Vorspanns hinter die beiden Rindenlappen geschoben, mit Bast verbunden und mit Baumwachs bestrichen (siehe Zeichnung 29).

## 2.3. Sammeln

Das Sammeln schöner, für unsere Zwecke geeigneter Pflanzen auf ihrem natürlichen Standort ist sicher für den Liebhaber die angenehmste Art, Miniaturbäume auszuwählen und in eigene Pflege und Gestaltung zu nehmen. So kann er das Angenehme einer Wanderung mit dem nützlichen Sammeln von Pflanzen für seine Liebhaberei verbinden und schult beim Suchen gleichzeitig Beobachtungsgabe und Pflanzenkenntnis an den mannigfaltigen Baumgestalten. Jeder Liebhaber, welcher Pflanzen sammelt, muß sich seiner Verantwortung bewußt sein, die auch er zur Erhaltung der Schönheit und des Artenreichtums unserer Landschaften hat. Gerade er als Pflanzenliebhaber wird Verständnis haben, daß alle gesetzlichen Bestimmungen, die zu diesem Zweck erlassen wurden, eingehalten und nicht verletzt oder umgangen werden.

Beim Sammeln können auch Eigentumsrechte verletzt werden, deshalb ist es notwendig, sich vorher darüber zu informieren, und im Zweifelsfall eine Genehmigung einzuholen. Beim Sammeln im Forst sind die Förstereien zuständig.

Auf eine »Sammeltour« muß man sich gut vorbereiten. Man benötigt einen zusammenklappbaren Spaten, ein Messer, eine Gartenschere und zum Trennen starker Äste oder Wurzeln eine kleine Säge. Beim Sammeln zwischen Felsen leisten Hammer und Meißel gute Dienste, um das Wurzelwerk unverletzt freizulegen. Die Wurzelballen müssen sofort nach dem Ausgraben verpackt werden, damit keine Wurzel vertrocknet und der Erdballen nicht erst auseinanderbröckelt. Es ist gut, den Ballen mit feuchtem Torfmoos (Sphagnum)

28

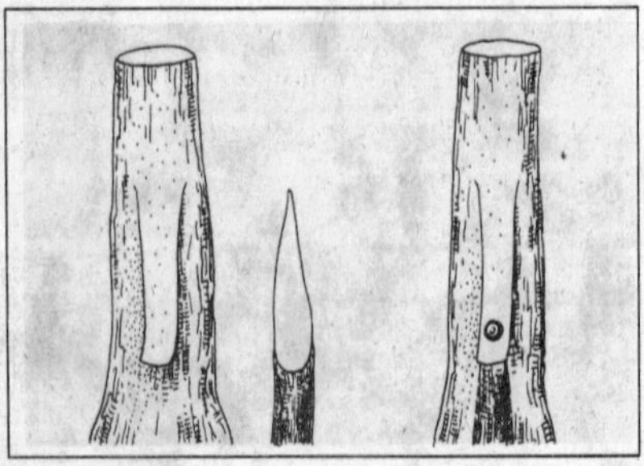

29

zu umgeben, ihn dann in ein Tuch zu wickeln, zusammenzubinden und schließlich noch in Folie zu hüllen oder in einen Folienbeutel zu stekken. Zu Hause muß die Pflanze unverzüglich versorgt werden.

Besonders geeignete »Fundstätten« sind das Gebirge und solche Stellen, wo die Pflanzen unter kärglichen Bedingungen aufwachsen und Dürre und Hunger auf kargen Böden oder zwischen Felsen widerstehen müssen. Dort findet man Pflanzen, die bei kurzem und gedrungenem Wuchs relativ alt sind. Aber auch an Weg- und Waldrändern, auf Gemäuern oder in alten Gärten kann man Pflanzen finden, die es wert sind, eingepflanzt zu werden. »Gesammelte« Pflanzen können oft schon in wenigen Jahren zu schönen Miniaturbäumen gestaltet werden. Bei jungen Pflanzen lassen sich leicht Stammkorrekturen vornehmen, bei älteren Pflanzen ist das meist nicht mehr möglich. Deshalb soll man nur solche Exemplare aussuchen, deren Stamm der gewünschten Form entspricht. Es ist auch wichtig, auf den Wurzelhals, auf die Stammbasis, zu achten. Oft stehen Pflanzen, die wohl auf den ersten Blick geeignet erscheinen, tief im Gras, Laub oder Moos, und beim Freilegen des Stammes entdeckt man dann an der Basis Narben oder eine unschöne Krümmung, die dieses Exemplar als Bonsai unbrauchbar machen. Eine mangelnde Verzweigung hingegen kann im Laufe der Jahre bei guter Pflege und geschickter Gestaltung verbessert werden. Die geeignete Zeit für das Ausgraben ist das zeitige Frühjahr, vor dem Austrieb der Pflanze. Das Ausgraben und Verpflanzen überstehen die Pflanzen besser, wenn es nach der Schneeschmelze oder nach Regen vorgenommen wird. Dann ist der Wurzelballen durchfeuchtet, und auch die Pflanze selbst hat ihre Wasserkapazität aufgefüllt.

Nicht immer ist ratsam, eine Pflanze, besonders eine ältere, zu verpflanzen, ohne vorher eine Zwischenbehandlung durchzuführen, die das Risiko des starken Eingriffs an Wurzeln und Zweigen mindert.

Hat man eine ältere, gesunde Pflanze gefunden, dann verfährt man folgendermaßen:

Ende Februar oder im März, nach den Winterfrösten, schneidet man alle Äste auf die später gewünschte Länge zurück und lichtet gleichzeitig alle Triebe aus, die zur weiteren Gestaltung nicht notwendig sind. Anschließend umsticht man die Pflanze mit dem Spaten, als sollte sie zum Umpflanzen herausgenommen werden. Nur wenige der nach unten wachsenden Wurzeln werden nicht durchgetrennt. In der nun folgenden Wachstumsperiode bilden sich an und neben den gekürzten Wurzeln neue junge Faserwurzeln.

Damit ist die Pflanze für das Umpflanzen im Herbst oder im folgenden Frühjahr besser vorbereitet.

Die Größe des Wurzelballens läßt es meistens nicht zu, die ausgegrabene Pflanze sofort in ein flaches Gefäß einzupflanzen, man sollte es gar nicht erst versuchen. Besser ist, die Pflanze ein oder zwei Jahre in ein größeres Gefäß oder in den Garten zu pflanzen. Während dieser Zeit kann man die Krone schon gestalten, und die Pflanze hat gute Bedingungen, einen neuen Wurzelballen auszubilden. Besonders die Pfahlwurzel wird bei jedem Umpflanzen vorsichtig etwas verkürzt, bis der Wurzelballen dann nach 2 bis 3 Jahren gut in das endgültige flache Gefäß hineinpaßt.

Selbstverständlich findet man in Wald und Flur auch Sämlinge, die sich gut für die weitere Anzucht eignen.

## 2.4. Baumschuljungpflanzen

Wenn man eine Eiche pflanzt,
darf man nicht die Hoffnung hegen,
nächstens in ihrem Schatten zu ruhn.
*Saint-Exupéry*

Für alle Freunde von Miniaturbäumen, die weder Zeit noch Gelegenheit haben, sich Bäumchen aus Samen oder Stecklingen heranzuziehen oder in der Natur Pflanzen zu sammeln, empfiehlt sich der Kauf geeigneter Exemplare in einer Baumschule. Besonders die Pflanzen in Töpfen oder Foliehüllen bringen in bezug auf Alter, Verzweigung und festen Wurzelballen gute Voraussetzungen für die weitere Anzucht mit. Das Angebot an Gehölzarten ist umfangreich genug, um die verschiedensten Formen und Pflanzungen daraus gestalten zu können. Man findet auch Seltenheiten. Für jeden Geschmack, wenn er nur der Natur entsprechend gebildet worden ist, stehen genügend Arten und Formen bereit.

Man achte bei der Auswahl vor allem auf folgende Merkmale:

- Die Arten sollen kleinlaubig oder kurznadelig sein (siehe auch 6. Pflanzenarten).
- Das Stämmchen soll fehler- und narbenfrei sein sowie eine gute, gerade Basis aufweisen; um das prüfen zu können, muß man die Erde bis zum Wurzelansatz entfernen.
- Eine dichte oder auch zu dichte Verzweigung der Pflanze ist zu bevorzugen, die Verzweigung soll nicht zu hoch am Stamm ansetzen.
- Für manche Formen ist es notwendig, daß das Stämmchen gerade gewachsen ist.
- Die Pflanze soll einen festen Wurzelballen besitzen, dann ist sie meist auch gesund und wüchsig.
- Es ist wichtig, daß die Hauptwurzeln strahlenförmig von der Basis des Stammes aus nach allen Seiten abgehen und nicht nur in einer Richtung.

Unter preisgeminderten schiefen und krummen Pflanzen, selbst unter solchen, die abgebrochen sind, findet man manchmal Exemplare, die gut zur Gestaltung hängender, halbhängender oder anderer Formen geeignet sind. Über die weitere Behandlung wie Eintopfen und Formung informieren die Abschnitte 3. und 5.

## 2.5. Kauf eines Miniaturbaumes

Das ist nun die einfachste, wenn auch eine kostspieligere Art, einen Miniaturbaum zu erwerben. Sie ist denjenigen zu empfehlen, die wenig Zeit zur Anzucht aufwenden wollen oder vorerst noch die gärtnerischen Handgriffe des Formens und Topfens scheuen. Es gibt preiswerte jüngere Miniaturbäume, bei denen gewissermaßen bereits das Gerüst der endgültigen Form vorhanden ist und bei deren Pflege und weiterer Formung Erfahrungen gewonnen werden.

Bei der Auswahl sollte man schon über einige theoretische Kenntnisse der Miniaturbaum-Formen verfügen. Man sollte auch bedenken, daß man sich nun Jahre, womöglich Jahrzehnte an diesem Bäumchen erfreuen will. Es sollte also dem Käufer gefallen! Wer Freude hat an alten ehrwürdigen Baumgestalten in unseren Landschaften, in Wäldern und Parks, wird sicher strengere Formen bevorzugen. Wer sich an den hängenden und halbhängenden Formen oben im Gebirge oder an Gewässern begeistert, wird vielleicht solche auswählen. Von eindrucksvollen Altersangaben über die Pflanze sollte man sich beim Kauf nicht leiten lassen, sondern vorrangig von deren Schönheit.

Man achte beim Kauf aber auch auf die Gesundheit der Pflanze. Sie ist erkennbar an der frischgrünen Farbe im Sommer, einem guten Knospenbesatz im Winter und in jedem Fall an einem festen Ballen gesunder Wurzeln. Den Wurzelballen lasse man sich zeigen. Möglicherweise ist er noch nicht fest durchwurzelt, da die Pflanze erst vor kurzer Zeit umgepflanzt worden ist, dann müssen aber unbedingt junge helle Wurzelspitzen zu sehen sein. Ist das Bäumchen gedrahtet, sollte man kontrollieren, ob der Draht auch nirgends von der Rinde überwachsen worden ist. Das bedeutet Wertminderung, da die Narben nach dem Entdrahten unschön aussehen. Beim Kauf wird man sich den deutschen und den exakten botanischen Namen der Pflanze notieren.

# 3. Eintopfen und Umtopfen

Die Bodenverhältnisse in der Natur gestatten den Gehölzen normalerweise, die ihrer Art und ihrem Alter entsprechende Bewurzelung optimal auszudehnen, wenn auch angepaßt an die Bewurzelung der jeweiligen Nachbarpflanzen. Damit sichern sich die Pflanzen ausreichende Standfestigkeit und passen sich dem durch Boden und Wetter bedingten wechselnden Angebot an Wasser und Nährstoffen weitgehend an. Ohne diese Ausdehnung ihrer Wurzeln könnten sie Stürme, Dürrejahre und extreme Regenfälle nicht überstehen.

Weit beschränkter sind die Verhältnisse, unter denen unsere in Gefäßen gehaltenen Pflanzen leben müssen. Der Raum für ihre Wurzeln ist außerordentlich eingeengt. Das geringe Erdvolumen im Pflanzgefäß gestattet weder ausreichendes Speichern von Wasser und Nährstoffen, noch bietet es der Pflanze genügend Möglichkeit, sich fest im Boden zu verankern. Eine erfolgreiche Anzucht gelingt deshalb nur, wenn diese Mängel mit gärtnerischen Maßnahmen ausgeglichen werden.

## 3.1. Erden

Die richtige Wahl der Erde entscheidet darüber, ob die Wurzeln der Bäumchen ein bzw. mehrere Jahre lang ausreichend mit Wasser und mit Luft versorgt werden und ob die Erde während dieses Zeitraums stabile Speicherkapazität für Wasser und Nährstoffe bietet.

Dieses Ziel zu erreichen, ist nicht so schwierig, wie es dem Anfänger vielleicht erscheinen mag. Es sind aber einige Voraussetzungen zu beachten, die das Wurzelwachstum und damit auch das Wachstum der Pflanzen fördern.

Wer bei der Anzucht von Topfpflanzen bisher gute Erfolge hatte oder wem ein guter Gartenboden zur Verfügung steht, sollte sich von den folgenden Abschnitten nicht beirren lassen, wenn er lediglich junge Pflanzen eintopft und umtopft. Junge, gut bewurzelte Pflanzen sollen in der Regel schnell wachsen. Sie sind mit ihren jungen Wurzeln in den kleinen Gefäßen nicht so empfindlich wie ältere Pflanzen in größeren Gefäßen. Ältere Pflanzen sind anfälliger, vor allem gegen zuviel Wasser, und das besonders dann, wenn die Erde nicht genügend wasserdurchlässig ist. Mit anderen Worten: Die Pflanzen sind anfällig bei Luftmangel im Wurzelbereich.

Die Hauptbestandteile für Erden der Miniaturbäume sind Sand oder feiner Kies, Lehm und humose Beigaben wie Torfmull, Rindensubstrat oder Lauberde. Diese Bestandteile müssen je nach Art und Alter der

Pflanzen in ganz bestimmtem Verhältnis zueinander verwendet werden.

- Der Sand soll frei von Tonbestandteilen sein, am besten ist gewaschener feinkörniger Kies. Sand vom Meeresstrand ist nicht brauchbar, da er zu viel Salz enthält. Besonders Kies macht die Erde wasserdurchlässig und damit auch luftdurchlässig, besitzt aber fast keine Speicherkapazität für Nährstoffe und Wasser.
- Der Lehm soll einen hohen Tonanteil haben. Es soll ein sogenannter fetter Lehm sein. Lehm hat gute Speicherfähigkeit für Wasser und Nährstoffe, ist aber nicht gut durchlässig für Luft und Wasser.
- Torfmull (Weißtorf) besteht aus Humus, der sich aus kaum zersetzten Torfmoosen (Sphagnum) gebildet hat. Der dunklere, mehr zersetzte Schwarztorf ist weniger brauchbar, weil sein Säuregrad niedriger liegt (siehe pH-Wert, Seite 54). Alle Weißtorfe haben eine sehr hohe Speicherkapazität für Wasser und Nährstoffe und sind gleichzeitig luftdurchlässig. Weißtorf ist strukturstabil, das heißt, er verrottet sehr langsam, was für die Erdmischung günstig ist.
- Lauberde besteht ähnlich wie Torfmull vorwiegend aus Humus, und zwar aus gut verrottetem Laub. Sie hat eine mittlere Speicherkapazität für Wasser und Nährstoffe. Man kann Lauberde im Laubwald, im Garten oder unter dichtem Gebüsch selbst gewinnen.

Wenn die Erde viele feine staubförmige Bestandteile enthält – und das ist fast immer der Fall –, besteht die Gefahr, daß sie in den Gefäßen mit der Zeit verschlämmt und damit die notwendige Wasser- und Luftdurchlässigkeit einbüßt. Deshalb sollen Lehm und Lauberde vor dem Mischen getrocknet und anschließend gesiebt werden (Maschenweite des Siebes etwa 1 bis 1,5 mm). Die feinen Bestandteile, die durch das Sieb fallen, werden nicht mit verwendet.

Der Torf enthält manchmal sehr langfaserige Bestandteile, deshalb sollte man ihn durch ein Sieb mit der Maschenweite von etwa 10 mm reiben. Die im Sieb verbleibenden langfaserigen Teile kommen auf den Komposthaufen oder auf das Gartenland.

Weiteres Sieben der Erden, wie es in vielen Erdrezepten angegeben wird, ist für junge Pflanzen nicht unbedingt notwendig, wenn die Ratschläge in den Abschnitten 3.3. Eintopfen und 3.5. Umtopfen befolgt werden.

Für alte Pflanzen allerdings ist zusätzliches Sieben eine Vorsichtsmaßnahme, um einer Verschlämmung bzw. Verdichtung im Gefäß vorzubeugen; denn ältere Pflanzen werden in größeren Abständen umgetopft als jüngere.

Das Sieben betrifft Sand, Kies, Lehm und humose Erden. Mit Hilfe von drei verschiedenen Sieben mit Maschenweiten von etwa 1 bis 1,5 mm, 3 bis 5 mm und 8 bis 10 mm stellt man drei verschiedene Körnungen der vorher getrockneten Erden her. Die feinen Staubteilchen, die durch das 1- bis 1,5-mm-Sieb fallen, werden ausgeschieden. Die Körnung, die durch das Sieb mit einer Maschenweite von 3 bis 5 mm fällt, stellt den größten Anteil dar. Sie wird als die eigentliche Topferde verwendet. Der Rest wird durch das 8- bis 10-mm-Sieb gegeben. Der durchgefallene Teil wird als unterste Schicht, als Drainage, in die Schalen gegeben; die groben Teile, die im 8- bis 10-mm-Sieb verbleiben, werden ausgeschieden.

Wer es besonders gut machen will, siebt mit einem Sieb mit der Maschenweite von etwa 2 mm aus der »Hauptpflanzerde« (die durch das 3- bis 5-mm-Sieb gefallen ist) noch eine feinere Körnung heraus und benutzt diese am Schluß als dünne Deckschicht.

Die einzelnen Pflanzenarten sind innerhalb bestimmter Grenzen verhältnismäßig tolerant gegenüber den Erdmischungen; es braucht keinesfalls jede Art ihre spezifische Mischung.

Mit drei Erdmischungen ist in der Regel auszukommen, falls man überhaupt Arten aus jeder Pflanzengruppe heranziehen möchte.

*1. Gruppe: Nadelgehölze* (sie bevorzugen sandigen Boden)
1,5 Teile gewaschener Sand oder feiner Kies,
2 Teile Torfmull oder Humuserden,
1 Teil Lehm.

*2. Gruppe: Laubgehölze* (außer Moorbeetpflanzen)
1 Teil gewaschener Sand oder feiner Kies,
2 Teile Torfmull oder Humuserden,
1 Teil Lehm.

*3. Gruppe: Moorbeetpflanzen* (wie Rhododendron)
2 Teile gewaschener Sand oder feiner Kies,
2 Teile Torfmull,
1 Teil Lehm,
3 Teile verrottete Nadelerde aus einem Nadelwald. (Ist verrottete Nadelerde nicht zu beschaffen, den Torfanteil verdoppeln.)

Wenn die Pflanzen nach Jahren ausgewachsen sind – das heißt, sie besitzen einen kräftigen Stamm und eine gut ausgebildete Baumkrone –, dann wird der Anteil an Sand bzw. Kies erhöht und dafür der Anteil anderer Bestandteile verringert. Für ganz junge Pflanzen soll der Sandanteil etwas verringert werden.

Die einzelnen Pflanzenarten haben verschiedene Ansprüche an den Säuregrad des Bodens. Obwohl sie auch hier tolerant sind und in einem weiten Bereich gut gedeihen, darf man diese Ansprüche nicht ganz außer acht lassen. Weitaus die meisten der Arten, die sich für die Anzucht von Miniaturbäumen eignen, gedeihen im wenig sauren bis neutralen Boden (pH-Wert: 5,5 bis 7). In diesen Bereichen liegen normalerweise die Mischungen für die Gruppe 1 und 2. Ein Messen des Säuregrades erübrigt sich also in den meisten Fällen.

Lediglich die sogenannten Moorbeetpflanzen, zu denen z. B. Rhododendron (Azaleen), Schneeheide, Besenheide und Hortensien gehören, lieben eine saure Erde (pH-Wert: 4,5 bis 5,5). Den Säuregrad (pH-Wert) der Erde kann man mit einem pH-Meter feststellen oder mit Lackmus-Papier. Dazu muß eine geringe Menge Erde, etwa 1 Tasse voll, mit der doppelten Menge destilliertem Wasser geschüttelt werden. Nachdem sich die Erde gesetzt hat, taucht man das Lackmus-Papier in das Wasser. In saurer Lösung färbt es sich rot und in alkalischer (basischer) blau. Der Farbumschlag von rot zu blau geschieht oberhalb des pH-Wertes von 5,5, etwa zwischen 5,5 und 7.

Ist die Erde zu sauer, dann kann man sich durch Zusatz von kohlensaurem Kalk (Düngekalk) helfen. Zugaben von 3 bis 5 Gramm je Liter Erde sind meist ausreichend.

Auch mit Holzasche (nicht Holzkohle!) läßt sich der Säuregrad der Erde zur alkalischen Seite hin verändern. Man nimmt einen Teelöffel voll Holzasche auf 2,5 Liter Wasser und gießt damit.

Eine Verstärkung des Säuregrades wird erreicht durch erhöhte Zugabe von Torfmull oder Schwarztorf und durch Verringerung des Lehmanteils.

Die normalen Gartenerden haben meist einen Säuregrad (pH-Wert), der zwischen 5,5 bis 7 liegt.

Dünger wird den Erden vor dem Ein- oder Umtopfen nicht zugesetzt.

Es ist von großem Vorteil, alle Erdvorbereitungsarbeiten im Sommer vorzunehmen und die einzelnen Erden oder Mischungen gut gekennzeichnet trocken zu lagern. Dann stehen sie zur Verfügung, wenn man im Spätwinter Erde für das Umtopfen oder für gesammelte Pflanzen braucht.

## 3.2. Gefäße

Das Gefäß eines Pencai
ist wie die Kleidung eines Menschen:
Sie soll passend
und ihm angemessen sein.
*Rat chinesischer Pencai-Meister*

Die Wahl des Pflanzgefäßes richtet sich nach Art, Alter, Größe und Form der Pflanzen.

Für junge Pflanzen, deren Form man erst aufbauen will, genügen in den ersten Jahren Blumentöpfe oder ähnliche Gefäße, wenn sie Wasserabzugslöcher im Boden haben. Es ist vorteilhaft, von Anfang an flache Gefäße zu verwenden, um die Pflanze zur Bildung eines breiten, flachen Wurzelballens zu zwingen.

Tongefäße sind praktischer als solche aus Kunststoff, weil sie schwerer sind, so daß die Pflanzen nicht so leicht umfallen. Außerdem besteht in unglasierten, nicht hart gebrannten Tongefäßen weniger Gefahr, daß die Erde bei zu häufigem Gießen versauert, da die Wandungen solcher Gefäße wasserdurchlässig sind. Diese Eigenschaft geht aber verloren, wenn die Töpfe vermoosen oder veralgen. Wer richtig gießt, kann ohne Bedenken auch Kunststofftöpfe verwenden. Selbstverständlich sind alle Gefäße vor der Benutzung innen und außen gründlich zu reinigen.

Wenn die Formung eines jungen Miniaturbaumes genügend weit fortgeschritten ist, wird er in ein Schmuckgefäß gepflanzt, dessen Größe und Form von der des Miniaturbaumes abhängt.

Japanische Bonsai-Meister vergleichen das Gefäß eines Bonsai mit dem Rahmen eines Bildes: Er soll das Bild auf die beste Weise darbieten. Auch der Vergleich chinesischer Pencai-Meister, der diesem Abschnitt als Motto voransteht, ist treffend. Keinesfalls darf das Gefäß dominieren; das Entscheidende ist die Pflanze.

Hängende und halbhängende Formen, genauso wie die »Geneigter Stamm-Form«, die »Windgepeitschte Form« und die »Literaten-Form«, pflanzt man in runde oder quadratische Gefäße; sie dürfen nicht zu flach sein, denn sie müssen nicht nur optisch das Gegengewicht für die überhängenden Formen bilden. Die Größenverhältnisse entsprechen etwa unseren Blumentöpfen.

Die aufrechten Formen werden vorwiegend in ovale oder rechteckige 5 bis 10 cm hohe Gefäße gepflanzt.

Als Faustregel für den größten Durchmesser der Gefäße für stehende Einzelpflanzen gilt, daß er zwei Drittel der Pflanzenhöhe haben soll oder zwei Drittel der Gesamtbreite der unteren Äste, falls letzteres Maß größer ist als die Höhe.

Für Wald- und Felsenpflanzungen empfehlen sich etwa 3 bis 4 cm hohe ovale oder rechteckige Schalen.

Konvexe Schalen, also solche, deren Seiten sich bauchig nach außen wölben, sind ungeeignet, denn aus ihnen kann man den Wurzelballen kaum ohne Beschädigung herausnehmen, austopfen, wie der Gärtner sagt.

Wichtig sind kleine Füße am Boden der Gefäße, sie ermöglichen den ungehinderten Abfluß des überflüssigen Wassers und den Zutritt von Luft von unten her in den Wurzelballen. Gefäße ohne Füße sollte man auf Holzklötzchen stellen oder ihnen Füße aus gebranntem Ton ankleben.

Auch die Farbe soll bei der Auswahl der Gefäße beachtet werden. Für Kiefern und andere Nadelgehölze eignen sich unglasierte Gefäße in neutralen Tönen, wie braun, dunkelgrau oder dunkelrotbraun. Für Laubgehölze und für blühende bzw. fruchttragende Arten kann man glasierte Gefäße in grünen, braunen oder blauen Tönen verwenden. Die Gefäße sollten nur außen glasiert sein.

Je flacher die Gefäße, desto mehr Pflegeaufwand ist notwendig, weil die Pflanzen auf lange Trockenheit empfindlich reagieren. Besonders Anfänger sollten tiefere Gefäße wählen, wenigstens so lange, bis sie genügend Erfahrungen sammeln konnten. Auch wer eine regelmäßige tägliche Pflege nicht sichern kann, ist mit tieferen Gefäßen gut beraten.

Diese Ratschläge zu den Gefäßen sind kein Dogma, sondern Hinweise, wie sich in Ostasien entsprechend den dortigen Vorstellungen ein geschmackvoller Zusammenklang von Pflanze und Gefäß ausgebildet hat.

Eine solche Harmonie läßt sich auch auf andere Weise erreichen. Dabei wird es unumgänglich sein, die in Ostasien als nützlich und wirkungsvoll erprobten Grundsätze zu beachten:

- Das Pflanzgefäß darf nicht dominieren und muß in Farbe und Form mit der Pflanze harmonieren.

- Das Material der Pflanzgefäße muß natürlich und frostwiderstandsfähig sein, also keine Kunststoffe verwenden.
- Auf der relativ großen Oberfläche flacher Gefäße läßt sich der Eindruck von Waldboden oder einer Wiese unter einem Baum eindrucksvoller erreichen als auf der kleinen Oberfläche eines sehr tiefen Gefäßes, deshalb flache Gefäße verwenden (außer für die hängenden Formen).

Es gibt manche Anregungen zur Verwendung auch anderer Materialien als die traditionellen Schalen aus gebranntem Ton. Die Farbbilder 11, 19, 46 zeigen einige Beispiele.

Besonders gut eignen sich Sandstein, Kalktuffe und Tuffgestein vulkanischen Ursprungs, die sich leicht formen lassen, ein gutes Wasserhaltevermögen besitzen und schnell bemoosen. Bei ihrer Verwendung ist auf guten Wasserabzug aus den Vertiefungen für die Pflanzen zu achten (siehe Farbbild 11). Das Pflanzgefäß auf dem Bild 30 ist aus einem Sandsteinbrocken hergestellt worden.

30

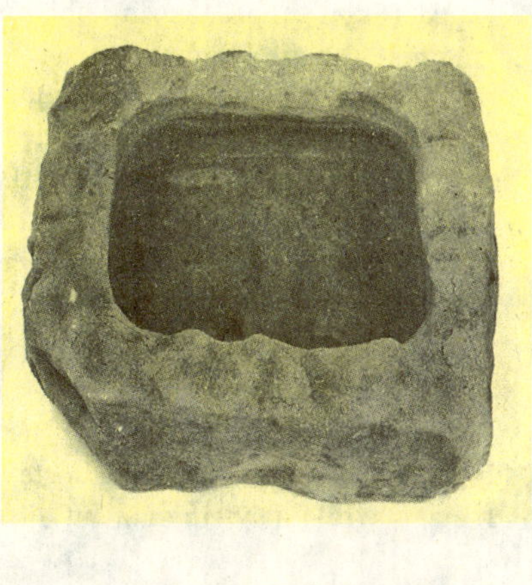

## 3.3. Eintopfen

Geeignete Jahreszeiten für die Arbeit des Eintopfens sind Frühjahr (März bis Anfang Mai) und Herbst (September bis Mitte Oktober). Während der Ruhezeit im Winter und der Wachstumszeit im Sommer soll man nur in Ausnahmefällen eintopfen. Zu unterscheiden ist zwischen dem Eintopfen von bewurzelten Jungpflanzen, wie Sämlingen, Stecklingen und Steckholz, und dem Eintopfen gesammelter und abgemooster (markottierter) Pflanzen.

### 3.3.1. Eintopfen von Jungpflanzen

Gut bewurzelte Jungpflanzen werden je nach Größe und Stärke der Bewurzelung in Töpfe mit oberem Innendurchmesser von 7 bis 12 cm gepflanzt.

Im Jugendstadium, also etwa während der ersten 5 bis 7 Jahre, werden die Pflanzen jährlich verpflanzt (siehe 3.5.). Danach richtet sich auch die Größe des Topfes: Die Pflanze soll den Topf in einem Jahr gut durchwurzeln, damit sich von Anfang an ein fester Wurzelballen bildet. Wählt man die Töpfe zu klein, so hungert die Pflanze. Das ist nachteilig, denn in den ersten Jahren soll sie einen kräftigen Stamm und reiche Verzweigung ausbilden.

Wählt man den Topf aber zu groß, wird er nicht gut durchwurzelt, so daß die Pflanze keinen festen Wurzelballen ausbilden kann.

Nach sorgfältigem Lockern entnimmt man die Pflanzen dem Vermehrungs- oder Aussaatgefäß, ohne

Wurzeln zu beschädigen oder gar abzureißen. Sollten die Jungpflanzen einzelne sehr lange Wurzeln haben, die kaum in den Topf passen, kann man diese mit einer scharfen Schere oder mit dem Messer einkürzen. Bei Sämlingen wird die Pfahlwurzel eingekürzt, damit sich die Wurzeln oberhalb der Schnittstelle gut verzweigen (siehe Zeichnung 31). Bevor die Pflanze in den Topf kommt, wird eine Scherbe oder ein kleines Stück Kunststoffgitter auf das Abzugsloch gelegt und etwas Erde eingefüllt. Auf diese Erde wird die Jungpflanze gestellt. Die Wurzeln breitet man nach allen Seiten aus, füllt Erde nach und drückt sie mit dem Daumen ringsum am Rand des Topfes vorsichtig fest. Der Topf wird dabei einmal vorsichtig aufgestoßen, damit keine Hohlräume in der Erde bleiben.

Die Pflanzen sollen im Topf so hoch stehen wie im Vermehrungsgefäß, allerdings müssen sie fest stehen. Zur Erleichterung des Gießens dient ein »Gießrand« von 5 bis 10 mm Tiefe (siehe Zeichnung 32).

31

32

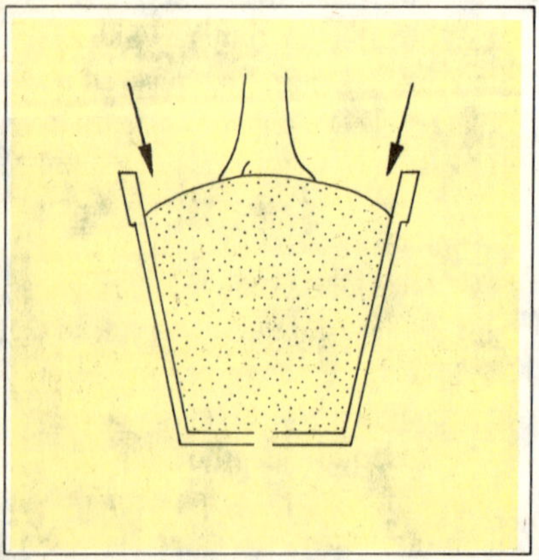

### 3.3.2. Eintopfen gesammelter und abgemooster Pflanzen

Für gesammelte Pflanzen und solche, die durch Abmoosen gewonnen wurden, werden die Gefäße nach der Größe der Wurzelballen gewählt. In den ersten 1 bis 3 Jahren sind Schmuckgefäße nicht geeignet, denn solche Pflanzen müssen – unterstützt durch gärtnerische Maßnahmen – erst einen festen, flachen und nicht zu großen Wurzelballen ausbilden. Zu den Pflegearbeiten gehört das jährliche Umtopfen, um die Pflanzen immer wieder von neuem zur Wurzelbildung anzuregen. Diesem Ziel dient bei den gesammelten Pflanzen auch ein jährliches vorsichtiges Zurückschneiden zu langer starker Wurzeln, besonders der Pfahlwurzel, damit man die Pflanzen später in ein flaches Schmuckgefäß pflanzen kann.

Bei den vorerst größeren Gefäßen für gesammelte oder für abgemooste Pflanzen wird, nachdem man auf die

Abzugslöcher Scherben oder Kunststoffgitter aufgelegt hat, eine flache Drainageschicht aus sauberem, nicht zu feinem Kies oder aus ausgesiebter, körniger grober Topferde eingefüllt (siehe Abschnitt 3.1.). Darauf kommt vorerst nur eine dünne Schicht Pflanzerde, auf diese wird die Pflanze gestellt. Beim Einfüllen der übrigen Erde ist darauf zu achten, daß sie sich fest um die Wurzeln schließt, ohne daß Wurzeln beschädigt werden oder Hohlräume verbleiben. Zum Ausfüllen der Hohlräume dient ein kurzer, unten abgerundeter Stab, mit dem man die Erde rings um die Pflanze behutsam nachstopfen kann. Auch hier wird je nach Größe des Gefäßes ein Gießrand von 5 bis 10 mm Tiefe gelassen, wobei zu beachten ist, daß in größeren Gefäßen die Erde sich nach dem Gießen noch setzt.

Nach dem Eintopfen werden die Pflanzen wiederholt durchdringend gegossen, jeweils so lange, bis Wasser aus den Abzugslöchern läuft.

Frisch getopfte Pflanzen brauchen 2 bis 3 Wochen lang eine schonende Behandlung: Sie sind geschützt vor Wind und Sonne aufzustellen. Bei warmem hellem Wetter werden sie täglich 1- bis 3mal überbraust und selbstverständlich gegossen, wenn sie trocken sind.

## 3.4. Anzucht von Jungpflanzen im Garten

Jungpflanzen können in den ersten Jahren auch im Garten ausgepflanzt werden, wenn einige Voraussetzungen vorhanden sind:

- gut gelockerter nahrhafter Gartenboden,
- sonnige Lage,
- keine Haustiere im Garten.

Die Jungpflanzen werden in genügend großem Abstand, damit sie von allen Seiten in den vollen Lichtgenuß kommen, in Reihen ausgepflanzt. Das erleichtert die Unkrautbekämpfung.

Die Ausbildung eines flachen Wurzelballens läßt sich erzwingen, indem man unter jede Pflanze eine Kunststoffscheibe etwa 10 cm tief in den Boden legt. Die Scheiben müssen jeweils einen etwa doppelt so großen Durchmesser haben wie die Wurzelballen.

Man kann auch Foliestreifen unter den Pflanzreihen verlegen, die etwas breiter sind als die Wurzelballen (siehe Zeichnung 33). Das Einlegen von Folie in der gesamten Beetbreite ist ungünstig, da sich in der Erde auf der Folie Wasser ansammeln kann, welches nicht abfließt und das Wurzelwachstum beeinträchtigt. Die Pflanzen bleiben jeweils nur ein Jahr stehen und werden im Frühjahr oder Herbst umgepflanzt. Bei diesem Umpflanzen oder »Umschulen«, wie der

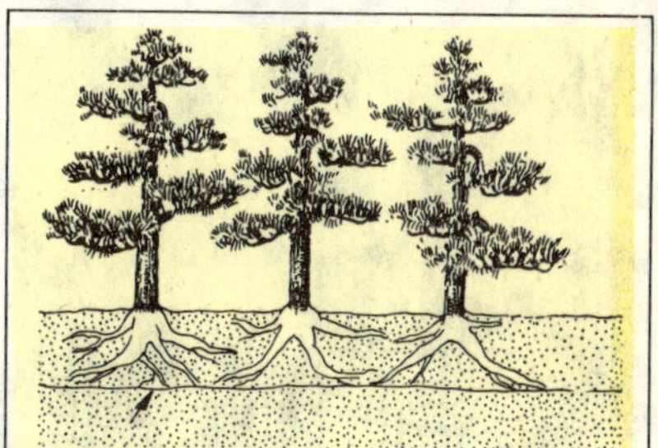

33

Fachmann sagt, wird der Wurzelballen mit einem Spaten gut umstochen, damit sich mit der Zeit ein relativ kleiner, fester Ballen ausbildet. Während dieser Zeit können auch schon die notwendigsten Gestaltungsschnitte ausgeführt werden (siehe Abschnitt 5.).

Der Nachteil bei ausgepflanzter Jungpflanzenanzucht gegenüber der Anzucht im Topf ist die Unbeweglichkeit der Pflanzen. Besonders bemerkbar macht es sich bei den Schnittmaßnahmen, weil die Betrachtung und Beurteilung der Form erschwert sind. Wichtige Schnitte sollte man deshalb im Frühjahr während des Umpflanzens vornehmen, im Sommer nur wenige oder gar keine.

Der Vorteil des Auspflanzens in den Garten liegt im schnellen Wachstum, besonders im schnelleren Dickenwachstum des Stammes und der Äste.

Jungpflanzen aus dem Garten können jederzeit im Frühjahr oder im Herbst eingetopft werden, spätestens dann, wenn sich ein schönes Miniaturbäumchen entwickelt hat. Dann pflanzt man es auch gleich in ein Schmuckgefäß.

## 3.5. Umtopfen

Pflanzen in Gefäßen (Töpfen oder Schmuckschalen usw.) werden umgetopft, um die Wurzeln durch neue Erde zum Wachstum anzuregen.

Beim Umtopfen wird ein Teil der alten Erde entfernt und das verbrauchte Wurzelwerk vorsichtig herausgelöst und abgeschnitten.

Je nach Größe der Pflanze und der Beschaffenheit ihres Wurzelballens wird entweder in ein etwas größeres Gefäß oder in das gleiche getopft.

Umgetopft wird im Frühjahr vor dem Austrieb der Pflanzen.

Immergrüne Nadelgehölze und immergrüne Laubgehölze kann man auch im August bis September umtopfen, aber nicht später, damit sie noch vor Eintritt der Ruhezeit neue Wurzeln bilden.

Lediglich geschädigte Pflanzen sollen – unabhängig von der Jahreszeit – sofort nach Erkennen des Schadens umgetopft werden. Solche Schäden können unter anderem sein

- ein zerbrochenes Gefäß,
- eine Pflanze, die überdüngt wurde,
- eine Pflanze, die »vergossen« wurde, d.h., deren Erde durch zuviel Wasser verdorben ist, so daß Wurzelschäden auftreten.

### 3.5.1. Umtopfen der Jungpflanzen

Jungpflanzen werden jährlich im Frühjahr oder Herbst umgetopft, wenn die Pflanze in ihrem alten Topf schon einen festen Wurzelballen gebildet hat. Ist dies nicht der Fall, so pflanzt man sie noch einmal in denselben Topf.

Beim Umtopfen wird die lockere obere Erdschicht des Wurzelballens entfernt und der Ballen selbst etwas gelockert. Dabei löst man alte verrottete Wurzeln aus und schneidet sie ab. Bei gesunden jungen Pflanzen erübrigt sich diese Arbeit. Die Nachbehandlung erfolgt so, wie im Abschnitt 3.3. Eintopfen beschrieben.

### 3.5.2. Umtopfen der Miniaturbäume

Mit dem Umtopfen wird die Schönheit und Lebenskraft der Miniaturbäume erhalten. Wenn die Pflanzen in ihrer Wuchskraft nachlassen, kein frischgrünes Aussehen mehr haben und dazu noch schlechte Wurzeln ohne helle Wurzelspitzen, dann ist es höchste Zeit, sie im nächsten Frühjahr – die immergrünen Gehölze auch im kommenden August/September – umzutopfen. Bei einem solchen Zustand hätte es eigentlich schon im vergangenen Frühjahr geschehen sollen. Mit Düngung würde diesen bereits geschädigten Pflanzen mehr Schaden als Nutzen zugefügt.

Bäumchen, die einige Jahre alt sind und in Schmuckschalen stehen, brauchen – mit wenigen Ausnahmen – nur alle 2 bis 5 Jahre umgetopft zu werden, wenn kein zwingender Grund vorliegt. Genaue Angaben darüber enthalten die Tabellen über die Pflanzenarten (Seite 109ff.).

Das Umtopfen soll an einem vor Wind und Sonne geschützten Platz vorgenommen werden, um die empfindlichen Wurzeln weitgehend zu schonen. Die Arbeit wird ohne Unterbrechung zu Ende geführt, damit die Wurzeln sobald wie möglich wieder in die Erde kommen.

Vorteilhaft ist, die für das Umtopfen vorgesehenen Pflanzen je nach Wetter 1 bis 3 Tage vorher nicht zu gießen, weil sich dann der Wurzelballen leichter aus der Schale löst und die alte Erde sich besser aus dem Ballen entfernen läßt. Drainageschicht, Pflanzerde, evtl. auch Deckerde, gegebenenfalls das neue Gefäß und das notwendige Werkzeug werden vorher bereitgestellt. Als Werkzeug braucht man Schere bzw. scharfe Zange oder kleine Säge zum Abtrennen abgestorbener Wurzeln, einen Stab, um die Pflanzerde nach dem Einfüllen stopfen zu können, eine kleine Kelle zum Andrücken der Erde und evtl. eine schmale Spachtel. Auf der Erdoberfläche unter Miniaturbäumen, die ein Jahr und länger in einem Gefäß stehen, hat sich oft ein Moospolster gebildet. Dieses wird vor dem Umtopfen vorsichtig mit Hilfe eines breiten Messers oder einer Pinzette entfernt und geschützt aufbewahrt, damit es am Ende wieder auf die neue Erde aufgebracht werden kann. Die einzelnen Arbeitsgänge werden nachfolgend beschrieben.

Das Austopfen

Wenn die Pflanze einen guten Wurzelballen hat, läßt sie sich meist durch vorsichtiges Ziehen am Stamm aus dem Gefäß heben. Sollte das nicht gelingen, darf keinesfalls Gewalt angewendet werden. Man fährt mit einer schmalen Spachtel oder einem breiten Messer vorsichtig am inneren Schalenrand entlang und löst den Ballen. Muß aus einer bauchigen Schale umgetopft werden, drückt man mit der Spachtel die Erde am Schalenrand etwas nach innen und hebt dann die

34

35

Pflanze vorsichtig heraus (siehe Bild 34).

Die Verkleinerung des Wurzelballens und der Wurzelschnitt

Etwa zwei Drittel der Breite und der Höhe des Wurzelballens sollen ungestört erhalten bleiben. Nur aus dem äußeren Drittel des Ballens wird die alte Erde entfernt. Lange Wurzeln vorsichtig entwirren und ausbreiten.

Alle verbrauchten Wurzeln schneidet man nun am inneren Wurzelballen ab. Man erkennt sie daran, daß sie entweder vertrocknet oder verfault, auf jeden Fall aber innen nicht mehr hell sind. Die Schnittflächen sollen stets nach unten zeigen.

Junge Wurzeln werden belassen oder höchstens um ein Drittel eingekürzt (siehe Bild 35).

Vorbereiten des Gefäßes

Sollte zu befürchten sein, daß die Pflanze wegen ihrer schweren Krone nach dem Einpflanzen nicht fest steht und bei Wind umkippen könnte, dann wird ein Kunststoffaden oder ein Draht durch die Löcher gezogen und mit dessen Hilfe der Wurzelballen nach dem Einstellen festgebunden.

Auf die Abzugslöcher legt man flache Tontopfscherben oder kleine Stücke von Kunststoffgitter, damit die Erde nicht aus den Löchern rieseln kann. Die Kunststoffgitter werden mit

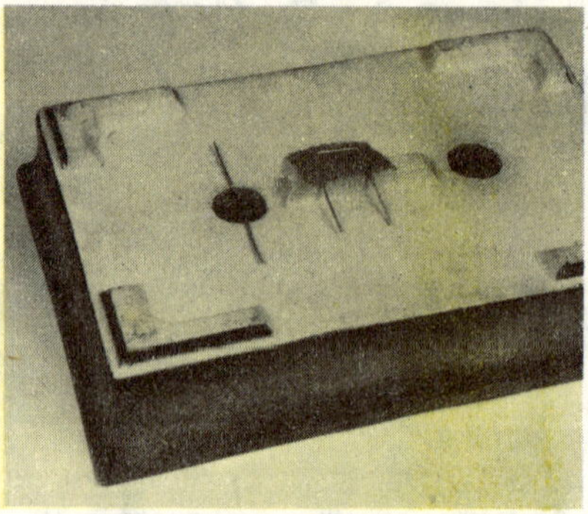
36

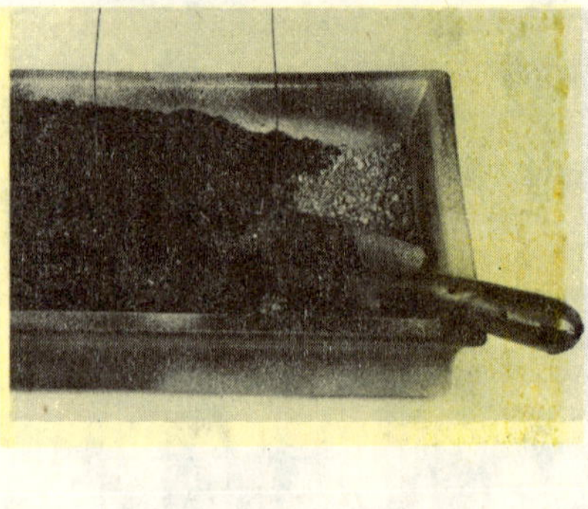
37

Draht im Abzugsloch befestigt, damit sie sich beim Einbringen der Erde und beim Pflanzen nicht verschieben (siehe Bild 36).

Als flache Drainageschicht wird grobe Erde oder feiner Kies eingefüllt. Je nach Größe des Gefäßes ist die Drainageschicht 0,5 bis 1 cm stark. In den nur 2 bis 3 cm hohen Schalen würde eine den ganzen Schalenboden bedeckende Drainageschicht die ohnehin schon flache Erdschicht noch weiter verringern. In diesen Fällen bringt man deshalb das Material für die Drainage nur in 3 bis 4 cm breiten Streifen in die Schale. Diese Streifen müssen jeweils über die Abzugslöcher führen oder sich über ihnen kreuzen. Auf die Drainageschicht wird zunächst nur eine dünne Schicht der vorbereiteten Pflanzerde gefüllt (siehe Bild 37).

Einstellen der Pflanze in das Gefäß – Bestimmen ihrer Position

Die Stellung der Pflanze im Gefäß wird von der Pflanzengestalt bestimmt, besonders davon, ob sie mehr oder weniger symmetrisch ist; auch die Form des Gefäßes ist zu berücksichtigen. Folgende gestalterische Regeln sollte man beachten:

- In runde und quadratische Gefäße pflanzt man die Pflanze in die Mitte. Ausnahmen bilden aber die hängenden Formen; diese Pflanzen kann man etwas mehr zum Rand setzen.
- In ovale und rechteckige Gefäße pflanzt man mehr oder weniger seitlich von der Mitte, vom Betrachter aus gesehen hinter die Mittellinie (siehe Zeichnung 38).

Die genaue Stellung wird danach bestimmt, ob die Pflanze von vorn gesehen sehr unsymmetrisch oder nahezu symmetrisch gewachsen ist. Annähernd symmetrisch gewachsene Bäumchen werden ein wenig mehr zur Mitte plaziert; je weniger symmetrisch sie gewachsen sind, desto weiter von der Mitte entfernt werden sie eingepflanzt.

Die Zeichnungen 39 und 40 zeigen zwei extreme Beispiele.

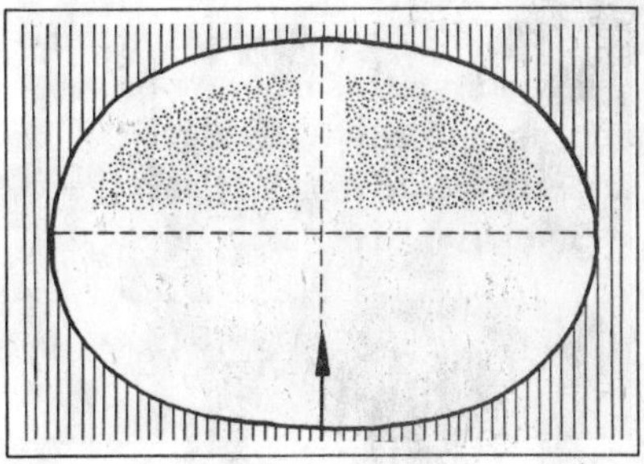

38

39

Bei ovalen und rechteckigen Gefäßen wird die schönste Seite der Pflanze, die Vorderseite, parallel zur langen Seite ausgerichtet.

Auch die Bestimmung der Pflanzhöhe ist wichtig. Der Ansatz der Wurzeln sollte sichtbar sein (siehe Zeichnungen 41 = zu hoch; 42 = zu niedrig; 43 = richtig).

Die gewählte Position muß von allen vier Seiten kontrolliert werden.

Manche runde Schmuckgefäße haben nur drei Füße. Bei solchen Gefäßen sollten die Mitte der Pflanze und ihre Vorderseite über einem Fuß stehen, die anderen beiden Füße sich also unter der hinteren Pflanzenseite befinden, oder aber umgekehrt.

40

Das Einfüllen von Pflanzerde
Damit keine größeren Hohlräume zwischen den Wurzeln verbleiben, wird die Erde mit einem Stab vorsichtig gestopft (siehe Bild 44). Mit einer kleinen Kelle oder mit den Fingern drückt man die Erde an, aber nicht zu fest, damit kleinste Wasser und Luft führende Hohlräume verbleiben.

Die Deckschicht
Als dünne obere Schicht kann noch feine Deckerde aufgebracht und leicht angedrückt werden. Dabei sollte ein Gießrand bleiben, so wie bei den Topfpflanzen, um das Gießen zu erleichtern. Je nach Größe des Gefäßes ist aber der Gießrand hier nur 5 bis 10 mm tief, sonst sieht es unschön aus.

Über das Aufbringen von Moos und Unterpflanzungen ist im Abschnitt 5.5. nachzulesen.

Mit einer feinen Brause wird mehrmals durchdringend angegossen, so lange, bis das Wasser aus den Abzugslöchern herausläuft.

41

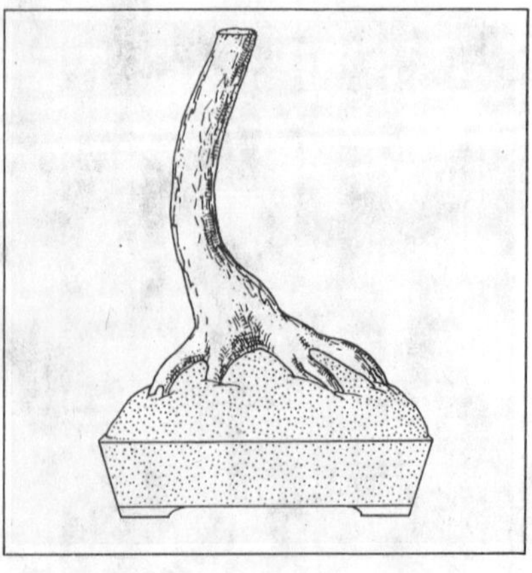

42

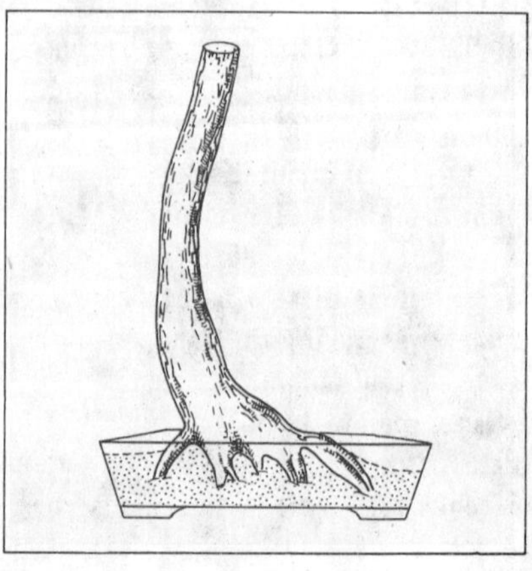

## 3.6. Nachbehandlung und Standort

Menschen und Bäume,
verwurzelt in Herkunft und Erde:
willig duldend steten Wechsel,
freier durch Verlust,
in Stürmen gestärkt,
zu hellerem Bewußtsein, zum Licht.

Das Umtopfen ist ein Eingriff, der das Bäumchen vorübergehend sehr schwächt, besonders die Wasseraufnahme ist bis zur Neubildung von Wurzeln erschwert. Aus diesem Grund muß der Pflanze der Übergang erleichtert werden.

Diese Schonung erreicht man auf einem vor Wind und Sonne geschützten Platz. Einige Stunden Vormittagssonne oder Sonne am späten Nachmittag sind nützlich. Bei sonnigem Wetter hilft feines Überbrausen; bei den immergrünen Arten wird auf diese Weise die Verdunstung herabgesetzt und dem Austrocknen vorgebeugt. Die laubabwerfenden Gehölze sind zum Zeitpunkt des Umpflanzens zwar meist kahl, aber dennoch dankbar für gelegentliches Überbrausen.

Vor starken Regenfällen sollte das Bäumchen in den ersten beiden Wochen nach dem Umtopfen geschützt werden. Gegossen werden darf nur, wenn die Erde auszutrocknen beginnt. Nach etwa 2 bis 3 Wochen haben sich meist neue Wurzeln gebildet, dann kann die Pflanze wieder auf einem vollsonnigen Platz stehen. Gedüngt wird aber vorerst noch nicht (siehe Abschnitt 4.3.).

43
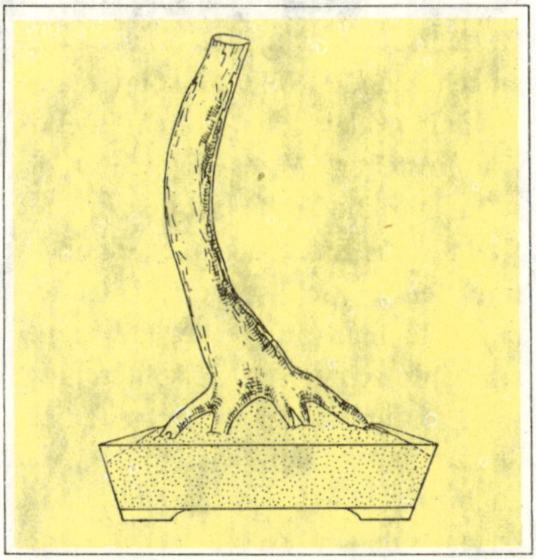

44

# 4. Pflegemaßnahmen

Die Pflanzen wachsen am besten
im Schatten des Gärtners.
*Chinesischer Spruch*

Regelmäßige Pflege der Miniaturbäume ist Voraussetzung für gutes Gedeihen. Dazu befähigt nichts besser, als ständiges Lernen bei der Natur, das tägliche Beobachten der Pflanzen und der auf sie einwirkenden Umwelteinflüsse, besonders des Wetters. Ein dementsprechendes konsequentes Handeln ohne Aufschub ist die beste Pflege.

## 4.1. Aufstellung

Wie für die Gehölze im Wald ist auch für Miniaturbäume das Wetter, sind Sonne, Luft und Wasser das tägliche Brot. Miniaturbäume müssen im Freien stehen. Über gelegentliche kurze Aufstellung in der Wohnung siehe Abschnitt 4.7. Als Stellplatz eignen sich:

- Ein breites Außenfensterbrett. Die Nordseite ist jedoch für die meisten Arten ungünstig. Möglichkeiten zum Befestigen der Gefäße müssen gegeben sein, um Schäden durch Wind und Sturm auszuschalten.
- Ein Balkon. Die Nordseite ist den meisten Arten nicht zuträglich. Auch hier müssen Befestigungsmöglichkeiten vorhanden sein.
- Eine Terrasse, aber ohne Überdachung.
- Der Garten.

Die Bäumchen sollen erhöht stehen, damit man sie besser betrachten und leichter pflegen kann. Bei erhöhtem Platz sind sie vor Würmern und Insekten aus dem Boden, aber auch vor Haustieren geschützt.

Gut eignen sich schmale Tische, hohe Bänke und breite Bretter auf Pfählen. Eine hölzerne Unterlage ist besser als eine steinerne, denn diese erhitzt sich im Sommer zu stark. Je näher man die Bäumchen durch erhöhte Aufstellung dem Auge bringt, desto mehr Genuß bringt die tägliche Beobachtung. Das Erleben des Wachsens und Werdens der kleinen Baumgestalten unter unserem pflegenden und gestaltenden Einfluß ist ein wesentlicher Teil der Freude, die Miniaturbäume uns geben. Bei den jungen »unfertigen« Bäumchen spielt dieser Gesichtspunkt natürlich noch keine entscheidende Rolle, sie können auch auf dem Boden oder auf dem Beet im Garten stehen. Wo es möglich ist, sollte man die Töpfe fast bis zum Rand in die Erde einsenken, dann trocknen sie nicht so schnell aus.

Die Lichtansprüche der Pflanzen sind unterschiedlich. So sollten junge Pflanzen immer schattiger stehen als ältere Pflanzen der gleichen Art. Aber auch zwischen den Arten gibt es zu beachtende Unterschiede.

Eiben, Efeu und Buchsbaum beispielsweise gedeihen noch gut im Schatten, also auf der Nordseite; Azaleen, Buchen und Fächerahorn lieben im Sommer Halbschatten; Birken, Lärchen und Kiefern aber brauchen viel Sonne. (Nähere Angaben siehe Tabellen 6.1. bis 6.3.)

Diese Unterschiede in den Lichtansprüchen sind bei der Aufstellung im Sommer zu beachten, außerdem ist die Kenntnis dem Liebhaber nützlich bei der Pflanzenauswahl, wenn er zum Beispiel nur einen vorwiegend halbschattigen Platz zur Verfügung hat.

Stark dem Wind ausgesetzte Lagen sollte man für die Aufstellung meiden. Sie wirken sich in jedem Fall ungünstig auf die Pflanze aus.

Ganz gleich, wo die Bäumchen aufgestellt worden sind, in Abständen von 1 bis 2 Wochen sollen sie gedreht werden. Damit erreicht man, daß nach und nach alle Seiten in den vollen Lichtgenuß kommen, keine Seite also verkahlen oder im Wachstum zurückbleiben kann.

## 4.2. Gießen

Die Erde in den Gefäßen junger und alter Miniaturbäume sollte nie für lange Zeit vollkommen austrocknen, weil dann die zarten Wurzelspitzen Schaden nehmen könnten. Flache Schalen trocknen besonders schnell aus und müssen deshalb häufig gegossen werden. Andererseits darf die Erde aber auch nicht ständig naß sein, weil stauende Nässe verhindert, daß der Wurzelballen genügend durchlüftet wird.

Der Wechsel zwischen der Wassersättigung des Wurzelballens durch Gießen und dem Austrocknen der Erde und der dadurch ermöglichten Belüftung des Wurzelballens ist die Kunst beim Gießen der Bäumchen.

Zum Gießen verwendet man eine kleine Kanne mit feiner Brause, damit die Erde nicht aus der Schale geschwemmt wird. Ein oberflächliches Überbrausen aber genügt nicht; der ganze Wurzelballen muß sich voll Wasser saugen können. Vielfach ist günstig, 2- bis 3mal in kurzem Abstand zu gießen, da der trockene Wurzelballen bei einmaligem Gießen nicht schnell genug ausreichend Wasser aufsaugen kann.

Sollte ein Wurzelballen dennoch einmal völlig ausgetrocknet sein, dann nimmt er nur schwer wieder Wasser an. In einem solchen Fall stellt man das Gefäß bis über die Erdoberfläche in ein flaches Wasserbad und läßt den Ballen sich vollsaugen, bis keine Luftblasen mehr aufsteigen.

Das beste Gießwasser ist Regenwasser. Wenn es nicht zur Verfügung steht, soll man wenigstens abgestandenes Wasser verwenden. Auch Wasser aus einem Teich oder einem Bekken im Garten ist geeignet. Nicht jedes Leitungswasser ist zum Gießen brauchbar. Das sogenannte harte Wasser enthält viel an Säuren gebundenes Kalzium und Magnesium. Es hinterläßt auf Blättern und Moos unschönen hellgrauen Belag und hebt außerdem bei dauernder Anwendung den Säuregrad (pH-Wert) der Erde, weshalb es besonders für Moorbeetpflanzen ganz ungeeignet ist.

Die Härte des Leitungswassers kann man bei den Wasserwerken erfragen. Sie wird in »Grad deutscher Härte« (°dH) angegeben. Wasser mit mehr als 22 bis 25 ° deutscher Gesamthärte eignet sich nicht als Gießwasser. Mit Hilfe von Torf (saurer Hochmoortorf) läßt sich solches Wasser enthärten. Man läßt es durch einen Ballen Torfmull sickern oder hängt einen durchlässigen Sack voll Torfmull in den Wasserbehälter.

Mit 2 bis 3 l saurem Hochmoortorf lassen sich etwa 100 l Wasser enthärten.

Eine andere Methode besteht darin, Wasser mit Hilfe von handelsüblicher konzentrierter Schwefelsäure zu enthärten. Mit 1 Milliliter Schwefelsäure auf 100 l Wasser wird die Härte etwa um 1 °dH herabgesetzt.

Vorsicht beim Umgang mit Schwefelsäure! Die Mischbehälter sollen säurefest sein oder einen säurefesten Innenanstrich haben.

Die Häufigkeit des Gießens ist abhängig vom Wetter; Wind und hohe Temperaturen verursachen hohen Wasserverbrauch. Unter unseren klimatischen Verhältnissen kann man als Anhaltspunkte festhalten:

- im Winter bei frostfreiem Wetter alle 1 bis 2 Wochen einmal gießen,
- im Frühjahr und Herbst täglich einmal gießen,
- im Sommer täglich ein- bis zweimal gießen.

Natürlich darf man sich nicht schematisch nach diesen Angaben richten. Man gießt bei Bedarf, wenn die Erdoberfläche trocken – hell – zu werden beginnt. Unter einem dikken Moospolster trocknet der Wurzelballen langsamer aus.

Gute Beobachtung ist das A und O richtigen Gießens.

Die Pflanzenarten haben unterschiedlichen Wasserbedarf: Weiden z.B. brauchen das Vielfache von Kiefern (nähere Angaben siehe Tabellen 6.1. bis 6.3.), aber auch Pflanzen einer Art haben je nach Bewurzelung, Größe und Standort einen unterschiedlichen Bedarf an Wasser. Das ist zu beachten. Sehr geringer Bedarf über einen längeren Zeitraum hinweg weist auf kranke Bewurzelung der Pflanze hin.

Im Winter wird nur vormittags und bei frostfreiem Wetter gegossen, damit die Pflanzen schnell abtrocknen und keine Pilzkrankheiten auftreten können.

Im Sommer darf man während der Mittagshitze nicht über das Laub gießen, da sonst die stark erhitzten Blätter verbrennen könnten. Sollte es im Ausnahmefall doch unbedingt notwendig sein, so stelle man die Pflanze vorher zur Abkühlung in den Schatten.

Mit dem Gießen läßt sich das Wachstum der Pflanzen entweder fördern oder bremsen. Da geringe Abstände zwischen den Blättern (Internodien) und möglichst kleine Blätter erwünscht sind, kann man durch sparsames Gießen den Austrieb im Frühjahr entsprechend beeinflussen. Auch hier ist also tägliches Beobachten angebracht.

Bei einer Abwesenheit von nur wenigen Tagen läßt sich der Wasserverbrauch herabsetzen, indem man die Bäumchen eng zusammengestellt im Schatten windgeschützt unterbringt.

Schichtet man außerdem noch feuchtes Moos auf die Schalen, kann man die Pflanzen einige Tage sich selbst überlassen. Während längerer Abwesenheit ist es unbedingt notwendig, jemandem die Betreuung zu übertragen.

Starke, lang andauernde Regenfälle sind ungünstig für die Wurzeln der Pflanzen, da sie dann zu lange Zeit nicht belüftet werden. Die einfachste Abhilfe besteht darin, die Schalen schräg zu stellen, so daß das Wasser seitlich über den Schalenrand ablaufen kann. Gut durchwurzelte Töpfe kann man sogar ganz umlegen, muß sie aber fixieren, damit sie nicht davonrollen.

## 4.3. Düngung

Mit dem Dünger werden den Pflanzen die Nährstoffe zur Verfügung gestellt, die sie für ihr Wachstum benötigen, denn der geringe Nährstoffvorrat in der Erde ist bald verbraucht.

Folgende allgemeinen Grundsätze sind beim Düngen zu beachten:

- Junge Pflanzen brauchen mehr Nährstoffe als alte. Bei gerade bewurzelten Jungpflanzen und Sämlingen ist beim Düngen Vorsicht geboten.
- Schnell wachsende Pflanzen brauchen mehr Dünger als langsam wachsende.
- Die meisten Nährstoffe müssen in Zeiten starken Wachstums oder für Reifevorgänge gegeben werden.
- Im Frühjahr und Frühsommer werden mehr Nährstoffe benötigt als im Sommer.
- Im Herbst sind Nährstoffe zum Ausreifen der für das nächste Jahr angelegten Knospen notwendig.
- Die laubabwerfenden Arten düngt man nur bis Anfang August, immergrüne Arten noch etwas länger, bis Anfang September.
- Im Winter während der Ruhezeit darf nicht gedüngt werden.
- Starke Regenfälle waschen Nährstoffe schnell wieder aus der Erde aus.
- Während sommerlicher Hitzeperioden und in extrem kühlen Perioden soll gar nicht gedüngt werden.
- Im Zweifelsfall ist es immer besser, das Düngen zu unterlassen, als des Guten zuviel zu tun. Miniaturbäume verhungern nicht bei zu wenig Düngung, nehmen es aber übel, wenn zuviel gedüngt wird, weil dann ihre zarten Wurzelspitzen verbrennen und folglich kein Wasser mehr aufnehmen können.
- Alle Pflanzen haben hinsichtlich der wichtigsten Nährstoffe und deren Verhältnis zueinander ähnliche Ansprüche, die Miniaturbäume bilden da keine Ausnahme.
- Frisch eingetopfte und umgetopfte Pflanzen werden erst gedüngt, wenn sich reichlich neue Wurzeln gebildet haben, das ist frühestens nach einem Monat der Fall, meist erst nach 3 bis 4 Monaten, bei kühlem oder gar kaltem Wetter dauert es noch länger.
- Trockene Pflanzen dürfen nicht ge-

düngt werden, sonst gibt es Wurzelverbrennungen; also vorher erst gießen.

Am einfachsten ist die Düngung mit handelsüblichen anorganischen Volldüngern, die in flüssiger und fester Form (Düngesalze) angeboten werden. Die Bezeichnung »Volldünger« bedeutet, daß diese Dünger die drei Hauptnährstoffe Stickstoff (N), Kali (K) und Phosphor (P) enthalten. Manche Volldünger enthalten außerdem noch Spurenelemente. Für Miniaturbäume sind solche Volldünger am besten geeignet.

Das Verhältnis der drei Hauptnährstoffe zueinander ist in den einzelnen Volldüngern verschieden. Im Frühjahr und Frühsommer sind Volldünger mit einem höheren Stickstoff-Anteil zu bevorzugen und im Herbst diejenigen mit einem hohen Kali-Anteil. Für Nadelgehölze und Moorbeetpflanzen verwendet man sauer wirkende Volldünger und für die anderen Gehölze alkalisch (basisch) oder neutral wirkende.

Wir beginnen mit dem Düngen im Frühjahr, frühestens wenn die Gehölze austreiben. Frisch eingetopfte oder umgetopfte Pflanzen, die noch keine neuen Wurzeln gebildet haben, werden nicht gedüngt. Blühende Gehölze als Miniaturbäume dürfen weder vor noch während der Blütezeit gedüngt werden. Man düngt sie erst nach dem Verblühen wieder.

Die Konzentrationsempfehlungen, die vom Hersteller auf den Packungen für Topfpflanzen angegeben werden, sind für Miniaturbäume zu hoch. Unter Beachtung der zu Anfang dieses Abschnittes angeführten Grundsätze reduziert man die empfohlenen Konzentrationen bei Laubgehölzen auf 50 Prozent und für Nadelgehölze sogar auf 25 Prozent. In jedem Fall ist besser, häufig schwache Konzentrationen zu geben, als in großen Abständen starke Düngergaben.

Die Pflanzen werden mit der Düngerlösung durchdringend gegossen, damit der Wurzelballen gut durchfeuchtet wird. Anschließend werden sie mit klarem Wasser abgespült, damit Blätter oder Nadeln nicht verbrennen. Besonders empfindlich sind junge Blätter. Wenn die Düngerlösung nicht über das Laub bzw. die Nadeln gegossen worden ist, sondern nur auf die Erdoberfläche, braucht nicht abgespült zu werden.

Der zeitliche Abstand zwischen den einzelnen Düngungen richtet sich – wie schon erläutert – nach dem Wetter und dem Zustand der Bewurzelung der Pflanzen, aber auch nach ihrem Aussehen. Sind sie dunkelgrün oder frischgrün, kann man mit dem Düngen noch warten, sind sie aber bei guter Bewurzelung hellgrün und lassen im Wachstum nach, dann ist es höchste Zeit zum Düngen. Als Anhaltspunkte für den Anfang, bis eigene Erfahrungen gesammelt worden sind, sollen die folgenden Hinweise dienen:

Bei günstigen Wetterbedingungen und gesundem Pflanzenzustand kann man während der Vegetationszeit bei Beachtung der vorstehend angeführten Ausnahmen maximal zweimal monatlich düngen.

Die Bedenken gegen die ausschließlich anorganische Düngung in Landwirtschaft und Gartenbau sind begründet, und auch der Liebhaber von Miniaturbäumen sollte den Empfehlungen chinesischer, japanischer und europäischer Bonsai-Meister folgen und im Laufe der Jahre auch Erfahrungen mit organischer Düngung sammeln. Bei ihrer Verwendung besteht nicht die Gefahr der Bodenversalzung und damit der Wurzelverbrennung. Die meisten organischen Dünger wirken langsamer.

**Zusammensetzung einiger organischer Dünger**

| Name | Gehalt an Stickstoff in % N | Gehalt an Phosphorsäure in % $P_2O_5$ | Gehalt an Kali in % $K_2O$ | Gehalt an Kalk in % Ca | Wirkung |
|---|---|---|---|---|---|
| Blutmehl | 10–13 | – | – | – | schnell |
| Fischmehl | 4–10 | gering | gering | – | schnell |
| Holzasche | – | 6 | 5–9 | 40 | langsam |
| Hornspäne oder -mehl | 12–15 | – | – | – | langsam |
| Knochenmehl | 2– 4 | 16–20 | gering | 27 | mittel |
| Rapsschrot | 4– 7 | 3 | 2 | – | mittel |

Anwendungsempfehlungen:

*1. Ausbringen in trockener Form*

Ein Gemenge von Rapsschrot mit Pottasche (Kaliumkarbonat, $K_2CO_3$) im Verhältnis von 3:1 wird auf die Erdoberfläche gegeben. Auf etwa 100 $cm^2$ Erdoberfläche, eine Fläche von etwa 10 cm × 10 cm, nimmt man einen Teelöffel gestrichen voll. Der Dünger wird in Häufchen aufgebracht. Das Ausbringen wird alle 4 bis 6 Wochen wiederholt, die Düngerhäufchen sind dann auf andere Stellen zu geben.

Beachtet werden muß aber, daß die Ausbringung in trockener Form unschöne Flecken auf dem Moos hinterläßt.

Vorsicht beim Gießen, damit der Dünger nicht heruntergespült wird!

Insekten, z.B. Fliegen, legen gern ihre Eier in feuchte organische Masse. Durch Spritzen mit einem Insektenbekämpfungsmittel kann man der Entwicklung einer neuen Insektengeneration vorbeugen.

*2. Ausbringen in flüssiger Form*

1. Möglichkeit: 1 l Rapsschrot wird in 10 l Wasser gegeben und im Winter 2 Monate, im Sommer 3 Wochen lang zum Reifen stehengelassen. Die gewonnene Lösung ergibt, mit 5 Teilen Wasser verdünnt, eine sehr starke Düngung; mit 15 Teilen Wasser verdünnt, ergibt sie eine schwache Düngung.

Die schwache Lösung (1:15) verwendet man von Frühling bis Sommer und die starke Lösung (1:5) im Herbst. Der Bodensatz wird nicht zum Düngen der Bonsai genommen.

Verwendet man für den Düngeransatz ein Gemenge aus 80 Prozent Rapsschrot und 20 Prozent Knochenmehl, erhält man eine Lösung mit einem größeren Anteil von Phosphor und Kali. In der angegebenen Verdünnung ist sie gut für solche Bonsai-Arten zu verwenden, die blühen und fruchten sollen.

2. Möglichkeit: Rapsschrot wird im Verhältnis 3:1 mit Pottasche (Kaliumkarbonat, $K_2CO_3$) vermengt. Dieses Gemenge wird im Verhältnis 1:30 mit Wasser angesetzt und wie bei der 1. Möglichkeit beschrieben zum Reifen stehengelassen. Die Brühe wird dann, im Verhältnis 1:5 mit Wasser verdünnt, zum Düngen verwendet, und zwar für gesunde wüchsige Pflanzen einmal wöchentlich. Der Bodensatz wird nicht mit verwendet.

Die organischen Dünger riechen unangenehm, sind aber nicht giftig. Pflanzen, welche man für kurze Zeit in die Wohnung nehmen will, sollte man 3 bis 4 Tage vorher nicht organisch düngen.

## 4.4. Schädlingsbekämpfung

Miniaturbäume werden, wie ihre großen Geschwister in der Natur und in Gärten und Baumschulen, auch von Schädlingen und Krankheiten befallen. Deren Bekämpfung ist grundsätzlich die gleiche wie dort, sie erfolgt mit den gleichen Mitteln und in gleichen Konzentrationen. Gemessen an der Unzahl der möglichen Schädigungen durch Tiere, Pilze, Bakterien, Viren und andere Ursachen und der Vielfalt der verschiedenen Pflanzenarten, kann hier nur ein kleiner Einblick, nicht einmal ein Überblick gegeben werden. Die Tatsache, daß die Wirkstoffe bzw. Wirkstoffkombinationen der Pflanzenschutzmittel und dementsprechend auch ihre Handelsnamen, die noch dazu in den einzelnen Ländern verschieden sind, sich ständig verändern, hat es ratsam erscheinen lassen, keine speziellen Mittel zu nennen. Die jeweils besten sind bei Pflanzenschutzämtern oder dem Fachmann zu erfragen. Einige Bemerkungen zu Anfang:

1. Schwächliche, verweichlichte Pflanzen sind leichter anfällig für Krankheiten und Schädlinge als abgehärtete, nicht überdüngte Pflanzen; sie sind auch empfindlicher gegenüber verschiedenen Pflanzenschutzmitteln.

2. Hohe Luftfeuchtigkeit fördert den Befall mit Pilzkrankheiten, deshalb sollen die Pflanzen besonders im Herbst und Winter abgetrocknet in die Nacht gehen, sie sind also nur morgens zu gießen.

Anhaltend niedrige Luftfeuchtigkeit im Sommer (trockene Luft) begünstigt den Befall mit Spinnmilben (Rote Spinne), deshalb wird man bei solchem Wetter die Pflanzen häufig mit Wasser überbrausen.

3. Die Pflanzen sind regelmäßig und sorgfältig auf Schädlingsbefall zu

untersuchen. Damit sich die Schädlinge nicht erst ausbreiten, sind sofort Maßnahmen zu ergreifen. Manche kleine Insekten sind nur mit der Lupe zu erkennen.

4. Bei Verwendung von Pflanzenschutzmitteln sind die vom Hersteller gegebenen Hinweise auf Verträglichkeit und ganz besonders auf die Konzentration und die günstigsten Temperaturen, die während und nach der Behandlung herrschen sollen, genau zu beachten.

5. Bei Spritzmaßnahmen sollte man eine feine Düse verwenden und besser mit hohem als mit schwachem Druck arbeiten; auch die Blattunterseiten benetzen.

6. Pflanzen in der Nachbarschaft der Miniaturbäume bei eventuellen Behandlungen gleichzeitig mit behandeln.

7. Pflanzenschutzmittel sind verschlossen aufzubewahren. Sie gehören nicht in die Reichweite von Kindern und Haustieren.

8. Besonders beachtet werden sollten auch vom Bonsai-Liebhaber der vorbeugende Pflanzenschutz und die Pflanzenhygiene.

Dazu gehören:

- die Verwendung gesunder, nicht verseuchter Erden,
- optimale Bodenreaktion (siehe dazu Seite 52ff.),
- gut belichteter und belüfteter Standort, dem Anspruch der jeweiligen Pflanzenart entsprechend,
- Verwendung von sauberem Gießwasser,
- Vernichtung von Pflanzenresten und Abfall,
- Vorsicht beim Zukauf von Pflanzen!
- Vorsicht vor Nährstoffmangel und vor Nährstoffüberschuß, besonders von Stickstoff!
- Vorsicht vor Überwässerung und vor Trockenschäden!

Tierische Schädiger

*Ameisen* treten vornehmlich während der wärmeren Jahreszeit auf. Sie sind zwar selbst nicht schädlich, aber immer ein Zeichen dafür, daß die Pflanzen, die sie besuchen, von Läusen, Schildläusen oder Weißen Fliegen befallen sind, deren Ausscheidungen (Honigtau) sie fressen. Ameisen tragen auch solche schädigenden Insekten breit. Deshalb sind Ameisen durch geeignete Mittel von den Bonsai fernzuhalten. Sollten sie ein Nest in der Erde einer Pflanze angelegt haben, dann ist die Pflanze unverzüglich umzupflanzen.

Man achte sorgfältig darauf, daß alle Ameisen und auch deren Brut (Eier, Larven und Puppen) ausgeschüttelt oder ausgewaschen werden.

*Dickmaulrüßler* sind etwa 10 mm lange, breite schwarze Käfer, die durch nächtlichen Fraß an oberirdischen Pflanzenteilen schädigen. Ihre Fraßstellen an den Blättern sind buchtenförmig. Die Larven sind noch gefährlicher als die Käfer. Sie sind weiß, braunköpfig, etwa 10 bis 12 mm lang und leben im Boden. Dort fressen sie junge Wurzeln, benagen auch ältere Wurzeln und fressen die Rinde am Wurzelhals bis auf das Holz ab.

Von den Gehölzen werden vor allem Fächerahorn, Eibe, Erika, Heidekraut, Rosen, Flieder befallen. Befallene Pflanzen kümmern und gehen schließlich ein. Die Bekämpfung der Dickmaulrüßler ist schwierig; sie erfolgt durch Bodeninsekten-Bekämpfungsmittel. Bei Verdacht ist es am sichersten, zuerst den Wurzelhals auf Fraßstellen zu kontrollieren, dann die Pflanze auszutopfen und den Ballen gründlich nach den Larven zu durchsuchen. Die Pflanze wird darauf in frische Erde eingetopft.

*Läuse* (Blattläuse) treten besonders in der warmen Jahreszeit auf. Trokkenheit fördert ihre Verbreitung. Es gibt grüne, gelbliche und schwarze Blattläuse, die im Herbst geflügelt sind. Sie schädigen durch die Saugstellen auf den Blättern, die dann verkrüppeln bzw. unschöne Flecken haben, auch junge Triebe können verkümmern. Auf den Ausscheidungen, dem Honigtau, siedeln sich oft Rußtaupilze an.

Bekämpft werden Blattläuse mit dafür zugelassenen Insekten-Bekämpfungsmitteln.

*Raupen* schädigen durch Fraßstellen am Wurzelhals und an den Wurzeln (Erdraupen), an Blättern, Stengeln, Knospen und Blüten (Schmetterlingsraupen). Oberirdisch schädigende Raupen liest man ab oder bekämpft sie mit dafür zugelassenen Insekten-Bekämpfungsmitteln.

Die Erdraupen werden durch besondere Bodeninsekten-Bekämpfungsmittel vernichtet; die Bekämpfung ist allerdings schwierig. Beim Umtopfen ist auf Erdraupen zu kontrollieren.

*Schildläuse und Schmier- oder Wollläuse* (siehe Farbbild 52) befallen leider auch Gehölze und derblaubige immergrüne Pflanzen. Sie schädigen durch Saugen an Ästen, Zweigen, Trieben, Blättern und Wurzeln. Die jungen Schildläuse sind beweglich, die älteren sitzen unter einem Schildchen fest. Schmier- oder Wollläuse sind zeitlebens beweglich. Sie sind von einer weißen, mehr oder weniger flauschigen Wachsausscheidung umhüllt.

Zur Bekämpfung sind besonders sogenannte systemische Insekten-Bekämpfungsmittel geeignet, welche in der Wachstumszeit von den Wurzeln aufgenommen und in der ganzen Pflanze verteilt werden.

*Nackt- und Gehäuseschnecken* schädigen durch Schabe- oder Lochfraß an zarten Jungpflanzen und jungen Pflanzenteilen. Bei feucht-kühlem Wetter erkennt man ihre Anwesenheit an den glitzernden Schleimspuren. Feuchte, kühle Witterung begünstigt ihre Vermehrung. Sie fressen nachts und verbergen sich am Tage im Boden oder unter den Pflanzgefäßen, so daß man sie dort ablesen und dann vernichten kann. Ein einfaches Mittel zur Bekämpfung ist das Aufstellen von mit Bier gefüllten Schalen mit sehr niedrigem Rand (es gibt auch spezielle Schneckenbekämpfungsmittel).

*Spinnmilben* (Rote Spinne) sind den Spinnen verwandte Schädlinge und mit bloßem Auge kaum deutlich zu erkennen; denn die ausgewachsenen Tiere sind nur etwa 0,5 mm lang. Sie sind gelbgrün, gelb, orange oder rot gefärbt. Sie schädigen durch Saugen, meist an der Unterseite der Blätter. Die geschädigten Blätter bzw. Nadeln erkennt man an den vielen winzig kleinen Sprenkelungen, außerdem verfärben sie sich, werden stumpfgrün, graugrün, vergilben dann, werden schließlich braun und fallen ab. Niedrige Luftfeuchtigkeit begünstigt die Ausbreitung. Rote Spinne befällt besonders Fichten, Kiefern und Wacholderarten und breitet sich schnell auch auf Nachbarpflanzen aus. Klopft man die Insekten auf ein Blatt weißes Papier, sehen sie wie Pulver aus.

Zur Bekämpfung sind Spezialpräparate im Handel.

*Weiße Fliege* (Mottenschildlaus). Diese Verwandten der Blatt- und Schildläuse sehen äußerlich winzigen weißen Motten ähnlich. Die Tiere haben 4 weiße Flügel und sind am Körper mit weißen Wachsausscheidungen bedeckt. Sie schädigen durch Saugen an der Unterseite der Blätter. Trockene Wärme fördert das Auftreten. Die schnelle Generationenfolge macht die Bekämpfung schwierig, deshalb ist wiederholt in Abständen von 4 bis 5 Tagen zu spritzen.

Pilzliche Schädiger

*Echter Mehltau.* Dieser Pilz überzieht vorwiegend die Oberseite der Blätter mehr oder weniger gleichmäßig mit einem weißen mehlartigen Belag. Seine Saugfortsätze entziehen den Blättern Nahrung und schädigen damit erheblich, so daß sich die Blätter krümmen und die Pflanze im Wachstum stockt.

Seit altersher werden Schwefelmittel zur Bekämpfung eingesetzt, es gibt aber auch andere geeignete chemische Mittel.

*Falscher Mehltau.* Im Gegensatz zum Echten Mehltau überzieht dieser Pilz vorwiegend die Unterseiten der Blätter mit seinem schmutzigweißen Belag. Auf den Blattoberseiten zeigen sich meist nur gelbbraune Flecken. Bekämpfung ist mit geeigneten pilztötenden Mitteln möglich; traditionelle Mittel sind Kupferpräparate.

*Kiefernschütte.* Bei Befall durch diesen Pilz bilden sich im Herbst bzw. im Winter an den Nadeln braune Flekken, die im Frühjahr deutlicher und dunkler werden, bis meist im April/Mai die Nadeln abfallen. Bekämpft wird im Juli/August mit einem pilztötenden Mittel.

Diese Krankheit darf nicht verwechselt werden mit dem natürlich bedingten alljährlichen Absterben der alten Nadeln im Herbst.

## 4.5. Überwinterung

Alle im Abschnitt 6. aufgeführten Pflanzenarten sind winterhart, das heißt, sie überwintern in unserem Klima ohne Schutz im Freien wie die Gehölze im Wald oder in unserem Garten. Als Miniaturbäume gezogen, sind sie allerdings in mancher Hinsicht empfindlicher und müssen deshalb geschützt werden.

Folgende Gefahren sind zu beachten:

Eine hohe Schneedecke kann die Ursache für Bruch an den Bäumchen sein, der ihre Form dann verunstaltet.

- Wenn nach Regen oder Gießen die wassergesättigte Erde in den Gefäßen – besonders in den tieferen – gefriert, können diese Gefäße zerfrieren, zerbrechen.
- Selbst bei Frostwetter kann starke Sonneneinstrahlung die teilweise recht zarten Äste und Zweige der Bäumchen auftauen. Als Folge davon verdunsten sie Wasser, welches der noch gefrorene Wurzelballen nicht ersetzen kann. Wind verstärkt diese Verdunstung noch. Die gefährdeten Zweige und Äste können von oben her vertrocknen und treiben im Frühjahr nicht wieder aus.

Es gibt viele Schutzmöglichkeiten. Die bequemste Art, die Bäumchen unterzubringen, ist ein kleines Gewächshaus, ein tiefer Frühbeetkasten oder eine ungeheizte Veranda. Voraussetzung ist, daß die Räume gut lüftbar sind und die Pflanzen vor Sonneneinstrahlung geschützt werden können. Erwärmungen über etwa +8 °C sind schädlich.

Die einfachste Art, die Bäumchen zu schützen, ist das Eingraben der Gefäße im Garten an einem vor Wind und Sonne gut geschützten Platz.

Es ist angebracht, eine zusätzliche Schicht Erde und darüber noch Hobelspäne auf die Gefäße zu bringen, damit Wurzelbereich und Schalen noch mehr geschützt sind.

Wem die genannten Möglichkeiten nicht zur Verfügung stehen, kann seine Bäumchen auch auf dem Balkon überwintern. Dazu braucht er eine Kiste mit Wasserabzugslöchern. Die Kiste wird so hoch mit Torfmull, Hobelspänen, Nadelerde oder Sand gefüllt, daß die Gefäße bis über den Rand darin eingesenkt werden können. Bei Frostwetter wird die Kiste mit Folie oder einer Plane zugedeckt. Wenn man aus starkem Draht oder Weidenruten Bügel über die Kiste spannt und diese mit Folie belegt, entsteht ein kleines Folienzelt. Bei frostfreiem Wetter und auch wenn nur leichte Fröste herrschen, ist die Plane bzw. die Folie abzunehmen.

Wer auch keinen Balkon hat, kann seine Bäumchen bei Temperaturen bis etwa −2 °C noch gut befestigt auf dem Außenfensterbrett stehenlassen. Wird es aber kälter, müssen sie irgendwo in der Wohnung, am Kellerfenster, einem Bodenfenster oder in einer kalten Kammer so lange kühl aufgestellt werden, bis die Temperaturen wieder ansteigen.

Folgende Hinweise sind zu beachten:

- Die Pflanzen dürfen nicht zu spät im Herbst noch gedüngt werden, damit sie gut ausgereift in den Winter gehen (siehe 4.3.).
- Das Ausreifen wird gefördert, wenn die Pflanzen ab September weniger gegossen werden.
- Vor dem Einwintern sollten die Pflanzen wenigstens ein bis zwei Fröste ausgesetzt gewesen sein, um die Umstellung auf die Winterruhe zu erreichen.
- Die immergrünen Arten brauchen auch im Winter viel Licht, deshalb an die hellsten Plätze stellen.
- Temperaturen, die bis über +5 bis

+8 °C ansteigen, schaden den Bäumchen, da sie dann zu vorzeitigem Austreiben angeregt werden. Sobald das Wetter frostfrei ist, müssen sie deshalb abgedeckt und gelüftet werden.

- Bei Sonnenschein steigt die Temperatur unter Folie, in einem Frühbeetkasten, in einem Gewächshaus oder in einer Veranda zu hoch, wenn nicht ausreichend gelüftet wird, selbst wenn draußen noch Temperaturen unter dem Gefrierpunkt herrschen.
- Im Gewächshaus ist es bei Sonnenschein schon im Januar notwendig, zu schattieren. Obwohl im Freien im Schatten noch −5 bis −10 °C gemessen werden, können in einem Kleingewächshaus im Winter bei Sonnenschein die Temperaturen so hoch ansteigen, daß gelüftet und eventuell sogar schattiert werden muß. Wer das Lüften und Schattieren des Gewächshauses während der Überwinterung nicht sichern kann, sollte für die Miniaturbäume einen anderen Überwinterungsplatz wählen; denn das vorzeitige Austreiben der Bäumchen bringt Schaden, der nicht wiedergutzumachen ist. Kurzfristiges Aufstellen der Bäumchen unter dem Gewächshaustisch ist ein Ausweg, besonders für die früh austreibenden Gehölze, wie z.B. Fächerahorn und Weiden.
- Auch im Winter darf die Erde in den Gefäßen nicht austrocknen, regelmäßige Kontrolle und Gießen bei Bedarf sind also notwendig.
- An hellem Standort, wo die Pflanzen nicht dem Wetter ausgesetzt sind, sollten sie ab und zu leicht überbraust werden, auch die laubabwerfenden Gehölze. Aber Vorsicht vor stagnierender Nässe in den Gefäßen ist geboten!
- Das Ausräumen aus dem Winterquartier darf nicht zu spät vorgenommen werden; am besten, wenn die Knospen noch hart sind. Man achte dabei auf die vorherrschende Wetterlage und gewöhne die Pflanzen vorher durch dauerndes Lüften bei günstigem Wetter auch nachts an die Außentemperaturen.
- Spätfröste sind dem jungen zarten Austrieb gefährlich, besonders von Lärchen, Fichten, Sicheltannen und den Laubgehölzen. Die Pflanzen sind entsprechend zu schützen. Von Mitte April bis Mitte Mai gibt es je nach Standort nur noch wenige Frostnächte. Es genügt, wenn die gefährdeten Bäumchen und Jungpflanzen in diesen kritischen Nächten Schutz erhalten. Das Aufstellen unter einem Tisch, einer Markise, einem Tuch oder im Schutz einer Hecke ist in den meisten Fällen ausreichend. Es lohnt sich, wenigstens während dieser kritischen Zeit die kurzfristigen Wettervorhersagen abends regelmäßig zu hören und zu beachten.

## 4.6. Werkzeuge und Hilfsmittel

Zur Pflege und Ausführung der gärtnerischen Techniken bei der Formung der Miniaturbäume sind geeignete Werkzeuge unentbehrlich. Unsere Vorstellung von der zukünftigen Gestalt der zu formenden Pflanze läßt sich auch bei bestem gärtnerischem Können nur mit einwandfreiem, sauberem, scharfem und dem Zweck entsprechendem Werkzeug im Laufe der Jahre realisieren.

Zu Anfang, bei der Arbeit mit den noch jungen Bäumchen, genügen Gartenschere, Gärtnermesser, Seitenschneider, verschiedene lange und kurze spitze Scheren, eine Zange zum Kneifen von Draht und eine lange Pinzette.

Später wird man jedoch feststellen, daß diese Werkzeuge nicht ausreichen, um alle notwendigen Arbeiten fachgerecht, ordentlich und sauber auszuführen.

Eine Auswahl der wichtigsten Werkzeuge und Hilfsmittel zeigen die Zeichnungen 45 bis 48, und zwar jeweils von links nach rechts.

48

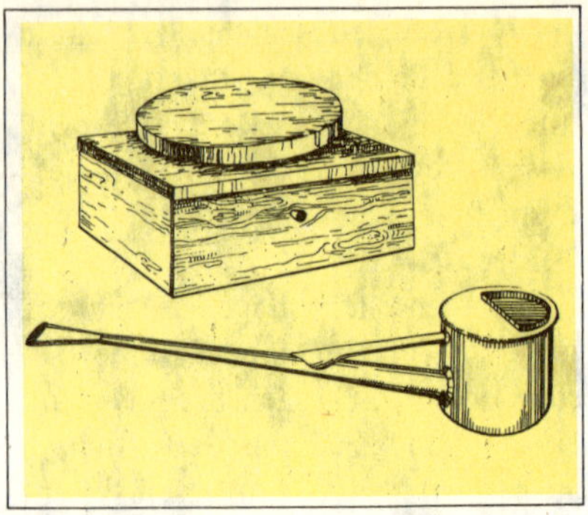

Zeichnung 48:

1. Gießkanne,
2. Drehscheibe mit Schubfach für Werkzeug.

45

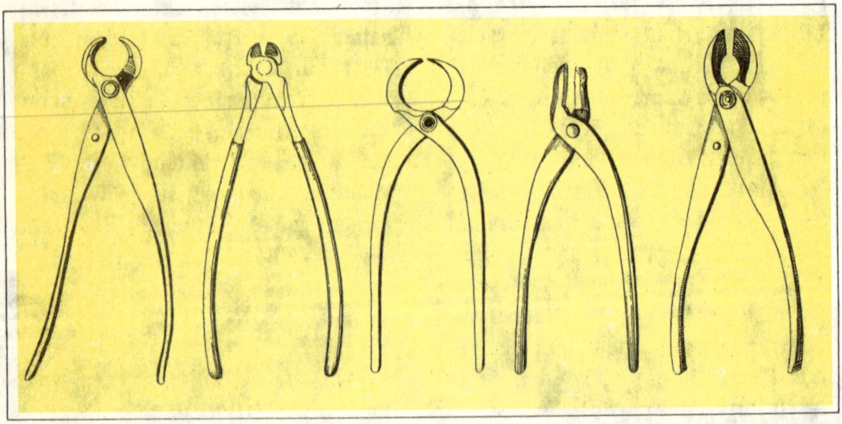

Zeichnung 45:

1. Kugelzange zum leicht aushöhlenden Schnitt großer Wunden am Stamm,
2. Zange, mit der Draht abgekniffen werden kann, ohne die Rinde zu verletzen,
3. Zange zum Schneiden dicker Wurzeln,
4. Zange zum Biegen und Abwickeln von starkem Draht,
5. Konkavzange; damit können Äste ganz dicht am Stamm abgeschnitten werden.

46 47

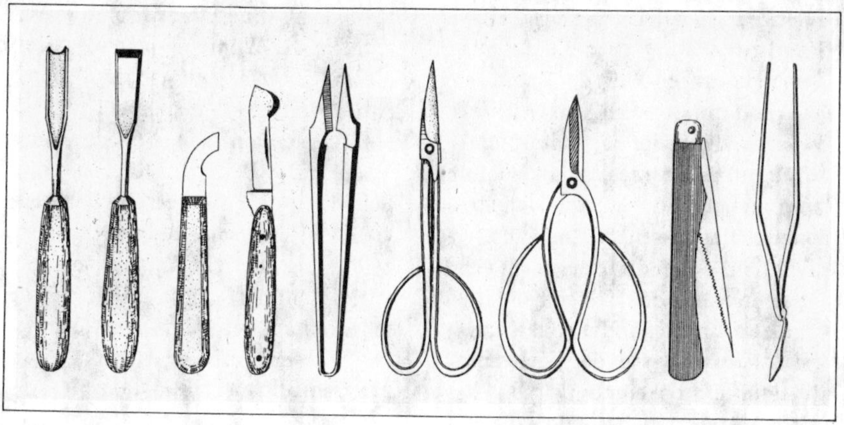

Zeichnung 46/47:
1. Drei Schnitzmesser,
2. Okulier- oder Veredelungsmesser, auch zum Schneiden von Stecklingen usw.,
3. Blattschneider,
4. Schere zum Schneiden von Trieben, besonders innerhalb der Baumkrone, und von Blättern,
5. Schere zum Schneiden von Trieben, dünnen Ästen und dünnen Wurzeln,
6. Säge, zusammenklappbar, zum Absägen stärkerer Äste,
7. Pinzette zum Ausputzen und zum Auflegen von Moos, der verbreiterte Griff dient zum Festdrücken von Moos und Erde.

Weitere Hilfsmittel sind:
- feine Brause zum Anschließen an den Gartenschlauch,
- Handspritzgerät mit 2 bis 10 l Inhalt,
- Siebe verschiedener Maschenweite (siehe Seite 53),
- Draht verschiedener Stärke (siehe Seite 91),
- Hammer, Körner und Bleistücke zur Ausführung von Felsenpflanzungen (siehe Seite 102),
- Baumwachs und Bewurzelungspulver.

Die Werkzeuge, besonders die schneidenden, sollten nur für den für sie bestimmten Zweck verwendet werden. Sie sind sofort nach dem Gebrauch zu säubern und wenn notwendig zu schärfen und einzuölen.

Stumpfes Schneidwerkzeug verursacht unnötige Wunden und verzögert damit den Heilungsprozeß.

## 4.7. Aufstellung in der Wohnung

Das tägliche Betrachten und geduldige Pflegen der Bäumchen, die gestaltende schöpferische Tätigkeit an ihnen, das Erlebnis des im Laufe der Jahre immer wiederkehrenden Wechsels von Wachsen, Reifen und Ruhen, die Erkenntnis gemeinsamer Gesetze alles Lebendigen und schließlich die Freude darüber, daß aus der jungen

Pflanze tatsächlich unter unserer Hand ein »Baum« entsteht, das macht den eigentlichen Wert der Beschäftigung mit diesen Pflanzen aus. Der Wunsch, die Schönheit gelungener Miniaturbäume auch in der Wohnung zu genießen und daran auch andere teilhaben zu lassen, ist durchaus verständlich. Dabei darf aber nicht vergessen werden, daß es sich bei diesen Pflanzen um Freilandpflanzen handelt, die für ihr gesundes Wachstum die ununterbrochene Einwirkung des Wetters brauchen; besonders die Ruhezeit im Winter darf nicht gestört werden.

Wenn die Bäumchen also in der Wohnung aufgestellt werden sollen, dann nur während der Wachstumszeit, also von etwa März bis spätestens Anfang Oktober, und immer nur für Stunden, maximal für einen Tag. Je mehr sich die durchschnittlichen jeweiligen Licht- und Wetterverhältnisse von den Bedingungen am Standort in der Wohnung unterscheiden, desto kürzer muß die Zeit sein, für die man die Pflanzen dem für sie gefährlichen Wechsel aussetzt.

Mehr als eine Pflanze sollte man nicht in die Wohnung holen und immer nur die zur Zeit gerade schönste. Am vorteilhaftesten steht sie vor einer hellen einfarbigen Fläche, ohne ablenkendes Beiwerk. Dinge, die die Schönheit der Pflanze noch betonen, vielleicht eine schlichte Landschaftszeichnung oder ein Aquarell an der Wand dahinter, ein natürlich geformter Stein aus unserer Heimat daneben auf der hölzernen Unterlage, lenken den Blick auf die Pflanze.

# 5. Formung der Miniaturbäume

Alle Pflanzen, die wir bearbeiten, sind im Vergleich zu einem modernen elektronischen Gerät unvorstellbar kompliziert.

Es sind meist mehrjährige Jungpflanzen, kräftige Baumschulpflanzen oder gesammelte Pflanzen, wenn sie das erste Mal geformt werden.

Dieses Rohmaterial, das selbstverständlich hinsichtlich der Art, dem Alter, der Höhe und der Verzweigung der Pflanze als Ausgangsmaterial für zukünftige Miniaturbäume geeignet sein muß, ist eine Voraussetzung für die formende Arbeit. Zwei weitere Voraussetzungen müssen unbedingt noch gegeben sein, wenn ein Miniatur-»Baum« entstehen soll und nicht nur ein Zwerggehölz in einem Gefäß.

Die erste dieser Voraussetzungen betrifft die Kenntnis von Bäumen, und die durch aufmerksame Naturbetrachtung gewonnenen genauen Vorstellungen von den unterschiedlichen Baumgestalten in den verschiedenen Wuchsformen, die in den Abschnitten 1.3. bis 1.5. schon angedeutet worden sind, Baumgestalten und Wuchsformen, wie sie in unserer Heimat einzeln stehend überall von der Küste bis ins Gebirge, vom Ufer der Flüsse und Bäche bis auf die Felsen, vom Wald bis in den Park als Anschauungsobjekte zu finden sind. Auch von Reisen ins Ausland bringt man Erinnerungen an schöne Baumgestalten mit nach Hause, die bei den entsprechenden Pflanzenarten als Vorbilder dienen können. Das Anfertigen von einfachen Zeichnungen ist zum Gewinnen dieses »Baumblickes« eine große Hilfe. Das genaue Studium von Abbildungen chinesischer und japanischer Miniaturbaum-Meisterstücke oder gelungener Exemplare anderer Bonsai-Liebhaber schärft den Blick zusätzlich für die wichtigen Gestaltungskriterien wie

- Größenverhältnisse,
- Stammformen,
- Gliederung der Verzweigung,
- Haltung der Haupt- und Nebenäste im Alter,
- Form von Baumkrone und Spitze,
- die Möglichkeit, beim Betrachten den ganzen Stamm mit seiner Verzweigung verfolgen zu können, usw.

Die skurilen, exotisch anmutenden Baum- und Stammformen mancher Importminiaturbäume sollten nicht nachgeahmt werden. Ihnen fehlt das Schlichte, Natürliche und Ehrwürdige, das an schönen alten Bäumen fasziniert. Das sollte man sich zum Vorbild nehmen.

Allerdings geht es nicht um das genaue Nachbilden, sondern um den mit jeder Pflanze stets neu zu beginnenden Versuch, das Wesentliche von Bäumen in der Natur zu erkennen und ihm Gestalt zu geben.

Die Absicht, den Pflanzen eine Form aufzwingen zu wollen, die bei der betreffenden Art in der Natur nicht vorkommt, ist abwegig. Eine Fichte in der Form einer hängenden Weide z.B. – und wenn sie noch so kunstvoll geformt wäre – wird nie schön sein, weil sie naturfremd ist. Die jeder Art eigentümlichen Charakteristika dürfen nicht außer acht gelassen werden. Wer Miniaturbäume gestalten will, sollte nicht jenen Künstlern nacheifern, die, um originell zu scheinen, recht weit von natürlichen Formen und Maßverhältnissen abweichen oder sie sogar ganz ignorieren.

Wer Lebendiges gestaltet, kann und darf bestimmte Gestaltungsprinzipien nicht umgehen, denn es läßt sich nicht ohne Schaden so willkürlich verändern, wie etwa der Stein, die Linie, die Farbe oder der Klang.

Die zweite der Voraussetzungen, einen Miniaturbaum zu formen, ist das Kennenlernen der verschiedenen gärtnerischen Techniken, mit deren Hilfe die bestimmte Baum-Gestalt erreicht werden kann, und dazu das Beherrschen der entsprechenden Handfertigkciten.

Mit Geduld und Interesse an der Sache wird der Pflanzenliebhaber gerade diese Voraussetzung sehr bald erfüllen können.

Die wichtigsten gärtnerischen Techniken sind

- das Schneiden,
- das Ausbrechen von Knospen,
- das Biegen und Binden und das Drahten.

Man sollte alle wichtigen Techniken kennen und üben, damit man entscheiden kann, auf welche Weise das Ziel der Formung am unauffälligsten und zugleich am schonendsten zu erreichen ist.

Für alle diese Arbeiten ist ein bequemer Arbeitsplatz notwendig. Am besten ist es, die Pflanze in Brusthöhe vor sich aufzustellen, wenn möglich auf einer kleinen Drehscheibe (siehe Abschnitt 4.6.), so daß man sie mühelos von allen Seiten betrachten kann. Die meisten Arbeiten dieser Art lassen sich im Sitzen ausführen.

Alle Maßnahmen muß man sich gut überlegen, bei Unklarheiten ist es besser, abzuwarten oder sich erst bei einem Fachmann oder in der Literatur Rat zu holen.

Bei allen formenden, »erziehenden« Maßnahmen soll man die beiden folgenden Wachstumseigentümlichkeiten bedenken und ausnutzen.

- Wenn man alle Knospen bzw. Triebe eines Gehölzes sich ungehindert entwickeln läßt, dann wird sich die Wuchskraft der Pflanze immer auf diejenigen konzentrieren, die am meisten Licht erhalten; vorwiegend sind es die oberen Teile. Die anderen werden sich langsamer und schwächlicher oder gar nicht entwickeln.

Das bedeutet für die Arbeit des Formens, die einen in ihrem Wachstum zu beschränken, um die anderen damit zu fördern; dadurch erhalten wir einen allseitig gleichmäßig entwickelten Miniaturbaum.

- Eine ähnliche Gesetzmäßigkeit läßt sich im Wachstumsunterschied zwischen den aufrecht wachsenden und den waagerecht oder schräg nach unten wachsenden Ästen und Trieben beobachten. Die einen wachsen zusammen mit ihrer Verzweigung immer stärker und schneller als die anderen.

Wenn die waagerecht oder schräg nach unten wachsenden Zweige im Wachstum gefördert werden sollen, muß das Wachstum der aufrecht wachsenden eingeschränkt oder ganz gehindert werden. Die Einschränkung kann bewirkt werden durch das stärkere Schneiden, das Ausbrechen von Knospen, das Herunterbiegen.

## 5.1. Das Schneiden

Im oberen Teil des Bäumchens
belasse man die schwächeren Zweige
und schneide die stärkeren.
Das Gegenteil gilt
für die untere Hälfte des Bäumchens.
*John Naka, japanischer Bonsai-Meister*

Die Technik des Schneidens wird im Garten-, Obst- und Weinbau schon seit dem Altertum angewendet. Der Gehölzschnitt bezweckt dort

- die Verbesserung der Fruchtholzbildung,
- das Auslichten von zu dicht gewachsenen Bäumen und Sträuchern,
- das Niedrighalten und Formen von Bäumen, Hecken und Einfassungen,
- die Anregung zur Bildung junger Blütentriebe,
- die Verjüngung.

Miniaturbäume schneidet man, um sie niedrig zu halten, auszulichten und immer wieder zur Bildung neuer Triebe, Blätter und Wurzeln anzuregen, mit dem Ziel, ihnen nach und nach die gewünschte Form zu geben und dabei jung und wüchsig zu erhalten.

Man unterscheidet das Schneiden von Ästen, Trieben, Blättern und Wurzeln.

### 5.1.1. Schneiden der Äste

Äste sind Triebe, die durch Verholzen dicker und starr geworden sind. Der Schnitt der Äste ist besonders bei den jungen etwa 3- bis 5jährigen Pflanzen notwendig, um ihnen das Grundgerüst für ihre spätere Gestalt zu geben. Vorher soll man sie ungestört wachsen lassen.

Bei gesammelten und abgemoosten Bäumchen ist der Schnitt aus dem gleichen Grund notwendig. Bei älteren Miniaturbäumen aber werden die Äste nur deshalb geschnitten, um eine im Laufe der Jahre zu dicht gewordene Baumkrone auszulichten, die Äste einzukürzen oder ihre Form zu verändern.

Vor Beginn der Schnittarbeiten an einer Pflanze betrachte man sie von allen Seiten, stelle sich die beabsichtigte zukünftige Form vor und beurteile auch genau, welche Seite später ihre schönste Seite, die Vorderseite, sein wird.

Auch über die endgültige Höhe des Bäumchens soll man sich vorher klar sein, denn danach richtet sich die Zahl der an der Pflanze verbleibenden Äste, deren Länge und auch, ob der Mitteltrieb schon gekürzt wird oder noch nicht (über Formen und Maße siehe Abschnitt 5.4. und 5.6.).

Folgende Grundsätze sollten beim Schnitt von Ästen beachtet werden:

- Von zwei einander am Stamm in einer Höhe gegenüberstehenden Ästen wird einer entfernt, außer z.B. bei arttypischen Astquirlen.
- Die Äste sollen abwechselnd am Stamm stehen, z.B. der untere auf der linken Seite, der nächste versetzt auf der rechten Seite, der nächste, wieder in der Höhe versetzt, nach hinten zeigend.
- Es genügt, wenn je nach Höhe des Bäumchens 3 bis 5 Hauptäste vorhanden sind.
- Von zwei Ästen, die direkt übereinanderstehen und von zwei nahe beieinander nach vorn wachsenden Ästen wird jeweils einer entfernt.
- Äste und Seitenäste, die den Stamm kreuzen oder unschön nach oben oder unten wachsen, werden entfernt, es sei denn, sie sind für die Gestaltung notwendig und können durch Biegen oder Drahten in ihrer Haltung korrigiert werden (siehe Abschnitt 5.3. und 5.4. und Zeichnung 49).
- Äste, welche ganz entfernt werden, sind direkt am Stamm abzuschneiden, es darf kein Stumpf verbleiben (siehe Zeichnung 50), wenn man nicht bei einem alten Miniaturbaum durch einen präparierten Aststumpf das Alter betonen möchte (siehe Abschnitt 5.7.).
- Sollen Äste nur eingekürzt werden, dann ist der Schnitt diagonal – mit der Schnittfläche nach oben zeigend – auszuführen, so heilt die Wunde schneller (siehe Zeichnung 51, der obere und der untere Schnitt sind falsch).
- Dickere Äste werden direkt am Stamm mit einer kleinen Säge abge-

49

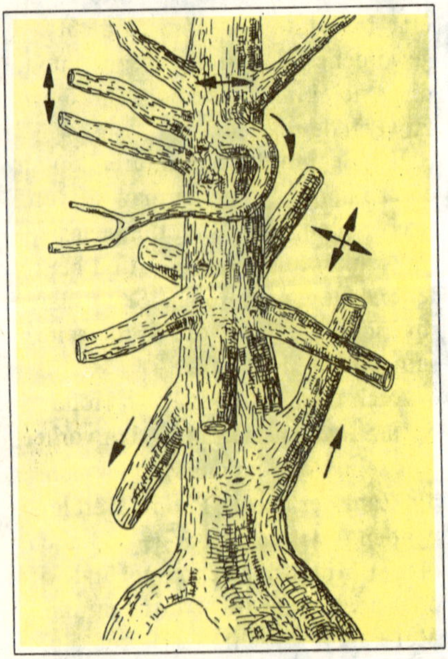

50

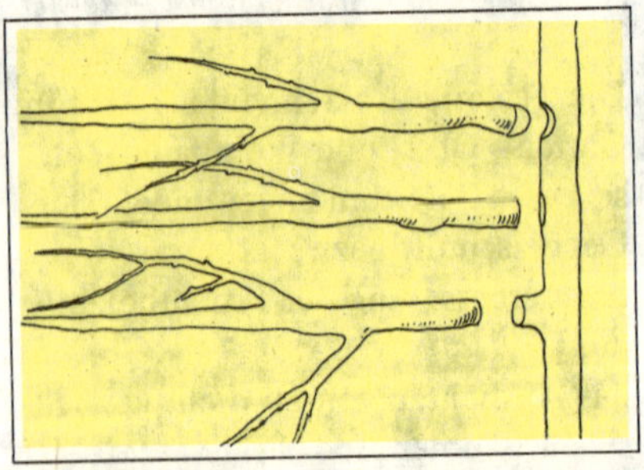

51

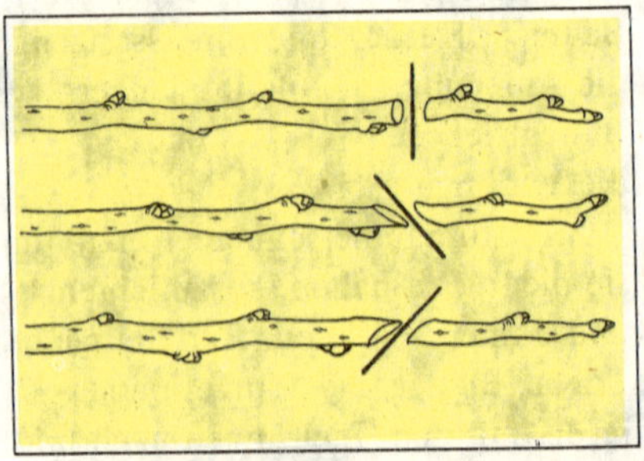

sägt, und anschließend wird die Schnittstelle noch leicht ausgehöhlt. Dadurch verheilt die Wunde besser und hinterläßt eine weniger unschöne Narbe (siehe Zeichnung 50 oben). Damit keine Fäulniserreger eindringen, werden große Schnittstellen mit Baumwachs verstrichen.

- Das am besten geeignete Werkzeug für Schnittarbeiten sind Gartenschere und Konkavzange (Astzange) und für die stärkeren Äste eine kleine Säge.
- Alle verwendeten Werkzeuge müssen scharf sein, um Quetschungen zu vermeiden.
- Je zeitiger überflüssige Äste geschnitten werden, also je dünner sie sind, desto weniger sichtbar sind die Narben, welche die Schnitte hinterlassen. Allerdings erreicht man durch das vorläufige Belassen dieser überflüssigen Äste am Stamm ein schnelleres Dickenwachstum desselben.
- Die beste Zeit für Schnittarbeiten an Ästen ist die Zeit der Winterruhe, aber erst nach der Kälteperiode. Es gibt Laubgehölze wie Weiden, Ahorn, Linden und Rhododendron (Azaleen), die einen starken Rückschnitt auch als alte Pflanzen noch gut vertragen und zum Zwecke der Verjüngung sogar nötig haben. Auf andere Pflanzen, z.B. die Buchen und die Nadelgehölze (außer den Eiben), würde sich ein solch starker Rückschnitt ungünstig auswirken.

### 5.1.2. Schneiden der Triebe

Während wir mit dem Schneiden der Äste den Pflanzen das Grundgerüst ihres zukünftigen Aussehens geben, dient das Schneiden der Triebe dazu, am gegebenen Gerüst nach und nach die gewünschte Form entstehen zu lassen.
Man unterscheidet den Schnitt der einjährigen Triebe in der Ruhezeit und den Schnitt der jungen grünen Triebe während der Wachstumszeit.

Triebschnitt Laubgehölze (Ruhezeit)
Nach dem Schnitt der Äste bilden sich in der folgenden Wachstumszeit an den verbliebenen Ästen und manchmal auch am Stamm, je nachdem, ob stark oder geringer zurückgeschnitten und ausgeästet wurde, mehr oder weniger viel neue Triebe. In der folgenden Ruhezeit, vor dem neuen Austrieb, werden diese nun wieder ausgelichtet. Dabei geht es darum, die Krone des Bäumchens aufzubauen. Man folgt den gleichen Grundsätzen wie beim Schnitt der Äste, nur mit dem Unterschied, daß jetzt die Verzweigungen zweiter und dritter Ordnung aufgebaut werden. Man beginne damit, zuerst die jungen Triebe abzuschneiden, die eindeutig überflüssig sind, bei den verbleibenden gehe man dann vorsichtig vor. Besonders bei den aus dem Stamm gewachsenen Trieben überlege man gut, ob nicht einer davon noch gebraucht wird, um das grundlegende Astgerüst zu vervollkommnen.

In diesem Falle lasse man den Trieb, ohne ihn einzukürzen, bis er etwa die Stärke der anderen Äste erreicht hat, selbst wenn er wegen seiner Länge die Form des Bäumchens vorübergehend stört. Erst dann wird er gekürzt. Auf diese Weise erhält man an der gewünschten Stelle schneller einen Ast, der mit seiner Stärke auch zu den vorhandenen Ästen paßt.

Triebschnitt Laubgehölze (Wachstumszeit)
Mit zunehmendem Alter der Bäumchen wird der Schnitt der jungen Triebe im Sommer immer wichtiger, um die Form zu erhalten und die Pflanze zur Bildung neuer Knospen anzuregen, damit sie »jung« bleibt. Eine feine Verästelung der Baumkrone, wie man sie bei gesunden Laubbäumen im Winter, wenn sie kahl sind, gut beobachten kann, wird dadurch besonders gefördert.

Man erreicht diese Verästelung durch ständiges Zurückschneiden der jungen Austriebe; sie verzweigen sich dann erneut. Dieses Zurückschneiden wird, von Ausnahmen abgesehen (z. B. Rhododendron und andere blühende Gehölze), den ganzen Sommer lang durchgeführt. Die Triebe werden erst dann geschnitten, wenn sie wenigstens 5 bis 7 Blätter oder Blattpaare ausgebildet haben. Wo eine weitere Ausbildung oder Ausfüllung der Form erwünscht ist, beläßt man 3 bis maximal 5 Augen oder Augenpaare, und wo es darum geht, die vorhandene Form zu erhalten, schneidet man auf 1 bis 2 Augen zurück.

Die Schnitte sollen unmittelbar über dem Blattansatz oder über einem Auge erfolgen. Man beachte dabei, daß der aus einem Auge wachsende junge Trieb immer in die Richtung wächst, in welche das Auge zeigt. Bei waagerecht oder schräg wachsenden Trieben sollte das Auge nach unten oder nach der Seite zeigen (siehe Zeichnung 52, der obere Schnitt ist richtig, der untere falsch).

52

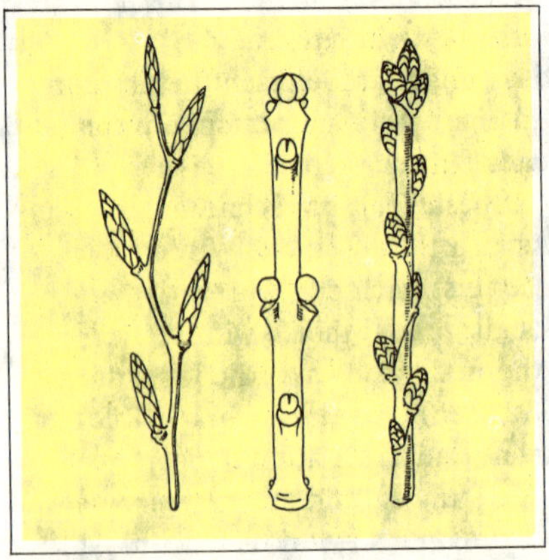
53

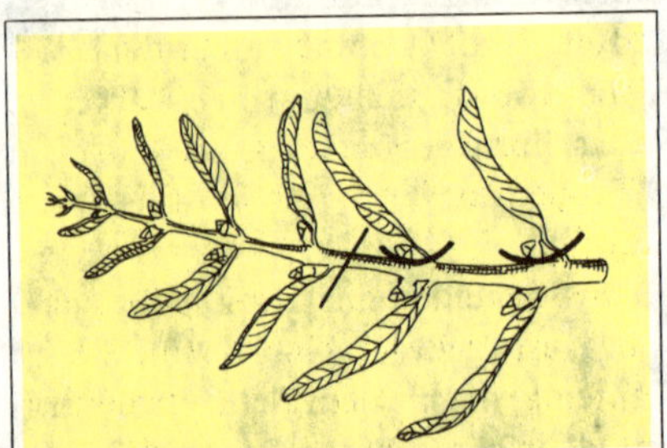
54

Es gibt Pflanzenarten, deren Blattstellung am Sproß »wechselständig« ist wie bei der Buche, »schraubig« wie bei der Eiche oder »gegenständig« wie bei Ahorn und Esche, wo es jeweils Blattpaare gibt (siehe Zeichnung 53, Buche, Esche, Eiche). Bei den ersten beiden Blattstellungen entsteht eine einfache Verzweigung, während bei gegenständiger Blattstellung eine doppelte Verzweigung entsteht, sich also Astgabeln mit gleichstarken Ästen bilden. Da dies meist nicht erwünscht ist, bricht man nach ihrer Entwicklung eines der gegenüberstehenden Augen aus (siehe Zeichnung 54). Unnötige Triebe sind ganz zu entfernen, besonders solche,

- die zu dicht stehen,
- die den Blick auf den Stamm und seine Verzweigung zu sehr verdecken,
- die nach innen wachsen,
- die welken oder abgestorben sind (siehe Zeichnung 49 auf Seite 84).

### Triebschnitt Nadelgehölze

Beim Schneiden der Triebe an Nadelgehölzen muß man zwischen Kiefern, Fichten und Tannen und den übrigen Nadelgehölzen unterscheiden. Im Normalfall treiben die ersten drei Baumarten nur einmal im Jahr aus. Sie bilden den Jahrestrieb, reifen ihn aus und entwickeln die Knospen für den Trieb des folgenden Jahres.

Bei fast allen Kiefernarten besteht ein Gestaltungsproblem darin, die Bildung langer Nadeln zu vermeiden, da diese in einem ungünstigen Verhältnis zur Größe der Miniaturbäume stehen würden. Verhältnismäßig kurze Nadeln haben Mädchenkiefer, Zirbelkiefer und die niedrigen Abarten unserer Gewöhnlichen Kiefer.

Bei allen Kiefern – außer bei den Mädchenkiefern – werden die Jahrestriebe als weiche Kerzen, also kurz vor dem Entfalten der Nadeln, etwa Mitte Mai bis Mitte Juni, mit den Fingern ganz entfernt oder nur gekürzt, je nachdem, ob das Bäumchen schon eine vollkommen ausgefüllte Form hat und nur noch schöne dichte Nadelpolster erwünscht sind oder ob die Form noch aufgebaut werden soll.

In Abhängigkeit von der mehr oder weniger günstigen Stellung der Äste an den Bäumchen bilden sie an ihrem Ende bis zu 5 Knospen. Beim Austrieb werden davon gegebenenfalls nur die schwächsten eingekürzt und die stärksten auf jeden Fall vollkommen entfernt. Die genaue Anzahl richtet sich danach, ob die Baumkrone schon dicht genug ist oder noch nicht. An bestimmten Stellen kann es auch notwendig sein, einen Trieb gar nicht zu kürzen.

Bei wüchsigen Exemplaren mit guter Bewurzelung – außer bei den schwachwachsenden Mädchenkiefern – kann man auch alle zwei Jahre den Jahrestrieb, wenn er im August zu verholzen und seine Rinde schuppig zu werden beginnt und die Nadeln vollkommen aus ihren Hüllen herausgewachsen sind, mit der Schere fast vollständig vorsichtig herausschneiden, ohne stehenbleibende Nadeln zu verletzen. Jeder Trieb wird auf etwa höchstens 5 Nadelbündel gekürzt. Darauf bilden sich noch im gleichen Jahr unterhalb der Schnittstelle neue Knospen. Mehr als 2 neue Knospen bzw. Austriebe je Schnittstelle soll man nicht wachsen lassen und die übrigen schon als Knospen ausbrechen, und zwar grundsätzlich die stärksten. Die im nächsten Jahr erscheinenden Triebe sind kürzer und haben auch kürzere Nadeln.

Bei kräftigen Pflanzen mit gesunden Wurzeln, die nicht mehr größer werden sollen – aber nicht bei Mädchenkiefern –, kann man sogar alle zwei Jahre zu dieser Zeit die jungen Triebe vollkommen herausschneiden, zuerst die kürzeren und eine Woche später auch die längeren. Mit dieser Zeitstaffelung wird eine nahezu gleiche Länge der neuen Austriebe bzw. Knospen, die sich noch im gleichen Jahr bilden, erreicht.

Bei den Mädchenkiefern werden die Kerzen im Frühjahr nur um ein Drittel bis höchstens zur Hälfte eingekürzt.

Von allen Kiefern, aber nicht von den Jungpflanzen, werden im Oktober die alten Nadeln bis auf etwa 5 bis 7 Nadelbüsche je Trieb vorsichtig abgeschnitten oder abgezupft, ohne die Rinde zu verletzen. Mit dieser Maßnahme erreicht man eine bessere Belichtung der unteren Äste, womit auch eine zusätzliche Seitenknospenbildung angeregt wird.

Die Fichten und Tannen, die auch nur einen Frühjahrstrieb machen, werden auf ähnliche Weise wie die Kiefern während des Frühjahrs behandelt. Bei diesen Arten wird der Neuaustrieb, wenn er noch weich ist – je nachdem, ob es sich um noch schwache oder schon um ältere ausgeformte Exemplare handelt –, mehr oder weniger eingekürzt, durchschnittlich um die Hälfte. Die Triebe sollen schon 2 bis 2,5 cm lang sein, bevor diese Arbeit vorgenommen wird. Da nicht alle Triebe gleichzeitig diese Länge erreichen, ist jedes Bäumchen wiederholt zu behandeln. Eingekürzt wird vorsichtig mit den Fingern.

Bei den anderen Nadelgehölzarten, die bis zum Herbst ständig treiben, wird der neue Austrieb bis in den Frühherbst hinein immer wieder auf diese bei den Fichten und Tannen beschriebene Weise behandelt, später aber nicht mehr, damit die Pflanzen ihr Wachstum vor dem Winter noch abschließen können. Die jungen Triebe der Sicheltannen kürzt man schon, wenn sie erst 1,25 cm lang sind.

Im Frühjahr und im Sommer ist es vorteilhaft, die frisch beschnittenen Pflanzen für einige Tage in den Schatten zu stellen und oft zu übersprühen; dadurch bleiben die neuen Knospen weich, verhärten nicht zu schnell, schließen also ihr Wachstum nicht schon ab, sondern treiben wieder aus.

### 5.1.3. Schneiden der Blätter

Die Technik des Blätterschneidens wird nur bei sommergrünen Laubgehölzen, nicht bei den immergrünen Gehölzen angewendet. Mit dem Blattschnitt erreicht man das erneute Austreiben der entblätterten Pflanze mit etwas kleinerem Laub. Gleichzeitig bildet sich mit der zweiten Blattgarnitur eine feinere Verästelung mit kurzen Blattabständen, was der Pflanze zusammen mit den kleineren Blättern ein harmonisches Aussehen verleiht.

Der Blattschnitt ist ein schwerer Eingriff in das Leben der Bäumchen und darf nur bei kräftigen, wüchsigen Pflanzen mit gesunden Wurzeln vorgenommen werden und nur bei anhaltend warmem Wetter. Junge Pflanzen, deren Gestalt noch nicht fertig ausgebildet ist, werden ebenso wie frisch umgetopfte Bäumchen nicht entblättert.

Vorteilhaft ist, wenn die Pflanzen etwa 2 Wochen vor dem Blattschnitt gedüngt worden sind, denn dann haben sie genügend Nährstoffe für den neuen Austrieb in Reserve.

Der Blattschnitt wird vorgenommen, wenn die Blätter voll ausgebildet sind, das ist in der Regel ab Anfang Juni der Fall. Wichtig ist, mit den kleinen, jüngsten Blättchen auch die weiche Triebspitze abzuschneiden. Andernfalls würde die Pflanze gerade an dieser Stelle stark treiben, und man erzielte nicht das gewünschte Ergebnis. Schwache Triebe und solche, die in ihrem Wachstum gefördert werden sollen, dürfen nicht entblättert werden.

Die Arbeit wird mit einer langen, spitzen Schere oder mit dem Blattschneider ausgeführt. Bei Pflanzenarten, deren Blätter gestielt sind. wird der Stiel nicht mit abgeschnitten, das erleichtert der Pflanze den Übergang (siehe Zeichnung 55). Der Eingriff ist schonender für die Pflanze, wenn man zuerst nur etwa jedes zweite Blatt abschneidet und die restlichen Blätter dann 10 bis 14 Tage später.

Die entblätterten Pflanzen bieten nun für 2 bis 3 Wochen keinen schönen Anblick. Während dieser Zeit werden sie windgeschützt aufgestellt, sparsam gegossen und auch nicht gedüngt. Die Pflanzen verdunsten in diesem Stadium weniger Wasser. Vor starken Regenfällen sind die entblätterten Bäumchen zu schützen. Es ist aber angebracht, sie bei trockenem Wetter öfter zu übersprühen. Wenn das neue Laub erscheint, sollen sie wieder dem vollen Licht ausgesetzt werden, wobei man den Lichtbedarf der betreffenden Art zu beachten hat.

Dieser Standortwechsel darf nicht vergessen werden, denn im vollen Licht bilden Pflanzen kleinere Blätter aus als im Schatten. Es ist auch mög-

55

lich, der Pflanze im Laufe des Frühjahrs und des Sommers jeweils die größten Blätter abzuschneiden. Damit wird eine dichte Krone beständig etwas ausgelichtet.

### 5.1.4. Schneiden der Wurzeln

Der Wurzelschnitt ist während der Entwicklung der Miniaturbäume regelmäßig beim Umtopfen zu wiederholen, sowohl bei Jungpflanzen wie auch bei alten erwachsenen Exemplaren. Alte, verbrauchte Wurzeln werden entfernt und sehr lange eingekürzt, wodurch immer wieder zur Bildung neuer Wurzeln angeregt wird. Ein starker Wurzelschnitt verlangt gleichzeitig auch einen entsprechenden Schnitt der Baumkrone.

Der Erhaltung eines gesunden, in Abständen immer wieder verjüngten Wurzelwerks muß große Aufmerksamkeit geschenkt werden. Vorsichtiges Austopfen der Pflanzen dient der Kontrolle.

Das Entfernen der Pfahlwurzel so nahe wie möglich am Wurzelhals (Übergang vom Stamm in die Wurzeln) fördert die Ausbildung einer schönen, breiten Stammbasis.

Ein nach allen Seiten sich verbreiternder, gut ausgebildeter Wurzelhals ist ein wichtiges Schönheitskriterium der Miniaturbäume. Ist er mangelhaft, weil auf einer Seite Wurzeln fehlen oder beschädigt sind, gibt es verschiedene Möglichkeiten, diesen Zustand zu verbessern:

Auf das Anpfropfen von Wurzeln wurde im Abschnitt über das Pfropfen (2.2.5.) schon eingegangen. Eine weitere Möglichkeit ist das Drahten von Wurzeln, welche in die falsche Richtung wachsen. Auch lassen sich starke Wurzeln in der Längsrichtung teilen. Die beiden Teile können anschließend auseinander gelegt werden. Damit der Spalt nicht wieder zusammenwächst, klemmt man ein sauberes Hölzchen oder einen Stein hinein. Manchmal gelingt es, am Wurzelhals die Bildung von Wurzeln anzuregen, indem der Wurzelhals mit einem Dorn oder dem Messer verletzt und anschließend mit Bewurzelungshormonpulver bestreut wird. Außerdem ist notwendig, diese Stelle reichlich mit sandiger Erde zu bedecken und ständig feucht zu halten.

Schließlich soll noch auf die Möglichkeit des Abmoosens hingewiesen werden, die auf Seite 42 beschrieben wurde. Damit kann bei einem Bäumchen mit zu langem Stamm gleichzeitig eine Verkürzung des Stammes und eine verbesserte Wurzelbildung erreicht werden.

Auf die Einzelheiten des Wurzelschnittes beim Eintopfen und Umtopfen wurde im Abschnitt 3. bereits eingegangen.

## 5.2. Ausbrechen der Knospen

Eine weitere Technik zur Formung der Bäumchen ist das Ausbrechen der Knospen. Unerwünschtes Längenwachstum eines Triebes oder eine ungünstige Verzweigung kann so verhindert werden, noch bevor die Knospe ausgetrieben hat.

Auch die weitere Wachstumsrichtung eines bestimmten Triebes oder Astes ist dadurch zu beeinflussen, und zwar je nachdem, auf welcher Seite eine (oder mehrere) Knospe stehenbleibt und austreiben kann. Meistens ist es angebracht, nach unten oder zur Seite zeigende Knospen stehenzulassen und die anderen zu entfernen (siehe Zeichnung 52). Zeitlich ordnet sich das Ausbrechen der Knospen vor dem Schnitt der Triebe ein bzw. geht damit parallel, ist aber auch zu anderen Terminen möglich. Die Knospen werden mit den Fingern oder mit der Schere ausgebrochen; sie lassen sich am besten fassen, wenn sie gerade auszutreiben beginnen.

## 5.3. Drahten

Das Drahten ist die jüngste gärtnerische Technik zur Formung der Miniaturbäume. Sie wurde erst Ende des vergangenen Jahrhunderts von japanischen Gärtnern entwickelt und wird seitdem mit großem Erfolg, häufig aber mehr als notwendig, angewendet. Trotz der Brauchbarkeit des Drahtens für die Formung sollte man keinesfalls auf die traditionellen Techniken verzichten, im Gegenteil: nur, wenn mit diesen Methoden das Ziel nicht zu erreichen ist, sollte das unschöne Drahten angewendet werden. Unschön ist es, weil leider oft häßliche Spuren an den Stämmen und Ästen zurückbleiben, die nur langsam oder gar nicht verwachsen, unschön auch, weil eine Pflanze in einem Drahtkorsett kein angenehmer Anblick ist. Allerdings sind die Möglichkeiten der Formung mittels Drahtens sehr vielseitig, und bei den anderen Methoden geht es ebenfalls nicht ganz ohne unschöne Hilfsmittel.

Sachgemäß mit Draht umwickelte Stämme, Äste und Triebe können, in bestimmten Grenzen natürlich, gebogen werden und behalten die gewünschte Stellung, wenn nach einem halben bis eineinhalb Jahren der Draht wieder entfernt wird. Stämme lassen sich so begradigen oder biegen und Ästen und Trieben andere Wuchsrichtungen geben.

Alle Drahtarten sind geeignet, die nicht zurückfedern, sondern sich biegen lassen. Kupfer- oder Aluminiumdraht eignet sich gut; heller Aluminiumdraht sieht allerdings nicht gut aus, deshalb ist besser, ihn kupferfarben eloxiert zu verwenden. Eisendraht ist nur Notbehelf, er rostet leicht und sollte deshalb besonders bei Nadelgehölzen, die länger gedrahtet bleiben müssen als Laubgehölze, vermieden werden.

Der Durchmesser des Drahtes richtet sich nach der Stärke des zu drahtenden Pflanzenteiles. Als Faustregel gilt, daß der Draht ein Drittel der Stärke des zu drahtenden Astes haben soll. Man muß ein Sortiment von maximal 8 bis 10 verschiedenen Durchmessern bereit haben, etwa von 0,5 bis 6 mm, um dünne Triebe ebenso wie kräftige Stämme drahten und dann biegen zu können.

Laubgehölze werden im Sommer gedrahtet, nicht zu zeitig, damit Knospen und junge Triebe nicht beschädigt werden. Nadelgehölze drahtet man besser im Herbst oder Winter.

Im Winter ist es besser, die Pflanzen schon einige Tage vor dem Drahten hereinzuholen. Bei Temperaturen über dem Gefrierpunkt bis + 10 °C lassen sich die Äste leichter biegen und sind nicht spröde oder gar brüchig.

Manche Arten besitzen eine empfindliche Rinde, die schon bei leichtem Druck durch den Draht beschädigt wird, dazu gehören Ahorn, Azaleen, Weiden, Kirschen und Aprikosen.
Vor dem Drahten solcher Arten

56

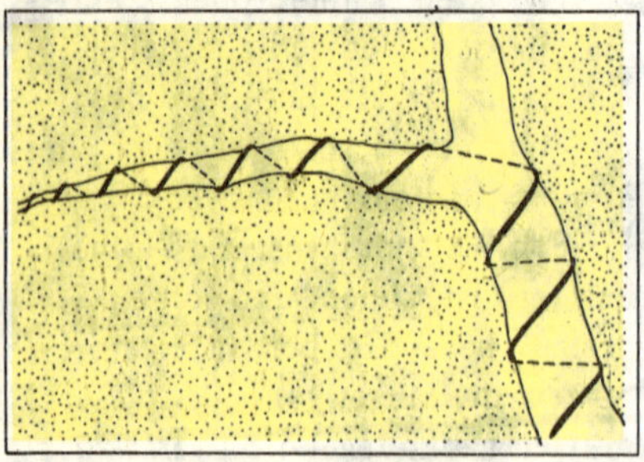

57

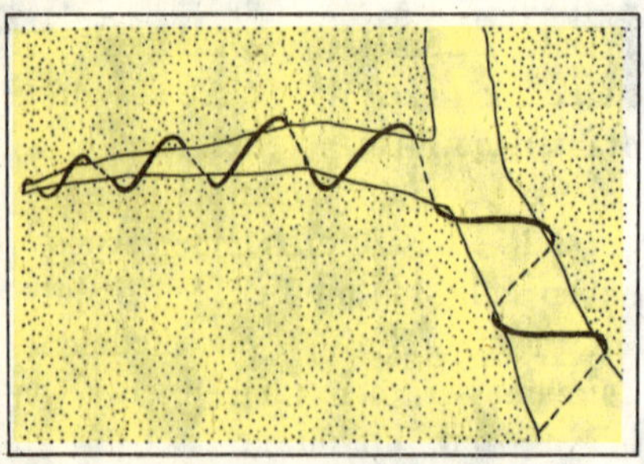

sollte man den Draht fest mit Papierband umwickeln.

Folgende Regeln gelten für alle Drahtungsmaßnahmen:

- Der Draht soll gerade nur so stark sein, daß die gewünschte Biegung erreicht wird.
- Die Länge des Drahtes richtet sich nach der Länge des zu umwickelnden Pflanzenteiles, zuzüglich etwa ein Drittel.
- Beim Drahten junger Bäumchen wird immer in Wuchsrichtung von unten nach oben bzw. von innen nach außen gewickelt: zuerst der Stamm, dann der erste Hauptast mit seinen Nebentrieben usw.; bei älteren Bäumchen kann man zuerst die Äste drahten, die am leichtesten zu erreichen sind.
- Der Draht wird in einer Wendel mit gleichmäßigem Abstand der einzelnen Windungen um den Ast gewickelt; dieser Abstand kann sich zur Spitze hin etwas verringern.
- Die einzelnen Windungen sollen mit der Längsachse des Astes einen Winkel von 45° bilden, dadurch entsteht der richtige Abstand zwischen den Windungen (siehe Zeichnung 56).
- Der Draht wird gleichmäßig fest gewickelt, darf aber weder in die Rinde einschneiden noch locker abstehen, lediglich junge, dünne Triebe werden nur locker gedrahtet (siehe Zeichnung 56 = richtig und 57 = falsch).
- Der Anfang des Drahtes muß einen festen Halt haben; wenn der Stamm gedrahtet werden soll, steckt man den Anfang des Drahtes direkt neben den

Stamm schräg in die Erde bis auf den Boden des Gefäßes; wird ein Ast gedrahtet, dann windet man den Draht am Anfang drei- bis viermal fest um den Stamm (siehe Zeichnung 56 und 58).

- Nachdem ein Ende des Drahtes am Stamm oder in der Erde gut befestigt worden ist, hält die linke Hand zunächst die untere Windung fest, während die rechte den Draht lang am freien Ende faßt und vorsichtig windet. Die linke Hand faßt dabei immer weiter nach (Zeichnung 59).
- Beim Drahten dürfen keine Blätter, Nadeln oder Augen mit eingewickelt werden.
- Es ist wichtig, daß der Draht der Außenseite der Biegung (Krümmung) Halt gibt.
- Das Biegen erfolgt nach dem Drahten. Auch dabei wird wieder in Wuchsrichtung, also von unten nach oben und von innen nach außen vorgegangen. Es ist allerdings vorteilhaft, den Ast während des Drahtens schon etwas in die gewünschte Richtung zu biegen. Soll der Ast gedreht werden, dann muß das Drahten in Drehrichtung erfolgen!
- Wenn ein Draht nicht ausreicht, kann man noch einen zweiten Draht parallel zum ersten wickeln, um mehr Stabilität zu erreichen (siehe Zeichnung 60).
- Bevor man ein Bäumchen drahtet, sollte man sich erst an abgeschnittenen verschieden starken Zweigen und Gehölzen üben. Dabei ist es nützlich, Zweige mit Astgabeln zu

58

59

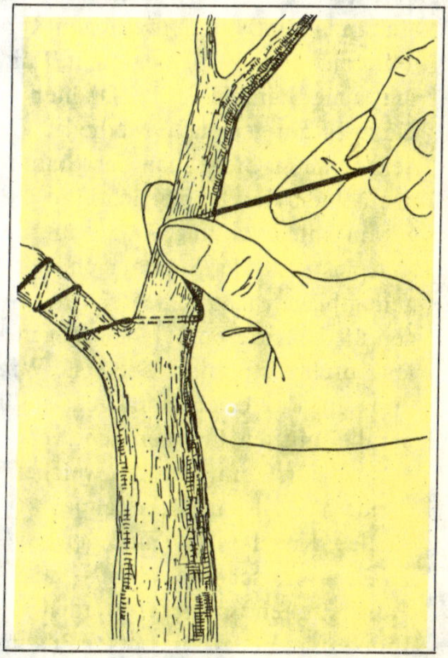

60

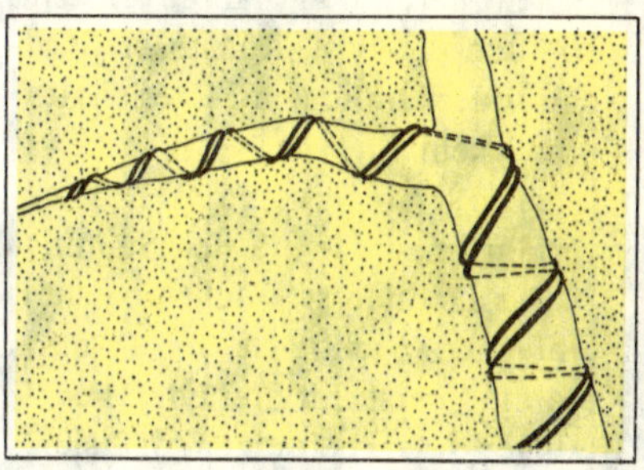

schneiden, um mit der Astgabel einen Festpunkt zum Befestigen des Drahtes zu haben.

Das Aussehen des Stammes ist für den Gesamteindruck eines Miniaturbaumes von großer Bedeutung. Für manche Formen braucht man einen geraden Stamm und ist über die geringste Biegung unzufrieden, andere wieder wirken gerade durch Biegungen vorteilhaft. Man soll von Anfang an mit großer Sorgfalt prüfen, welches die geeignete Form für den Stamm ist, und mit notwendigen Korrekturen schon zeitig beginnen. Für schwache Stämme ist das Drahten die dazu gut geeignete Methode. Vor dem Drahten biege man den Stamm mit beiden Händen vorsichtig in die gewünschte Richtung. Erst wenn man sicher ist, daß der Stamm sich weit genug biegen läßt, bzw. wenn man geprüft hat, wie weit er sich biegen läßt, drahtet man ihn. Die erste Windung am Fuß des Stämmchens sollte parallel mit der Erdoberfläche verlaufen. Für Bäumchen mit weicher Rinde, wie Ahorn, Sicheltanne, Azalee, Kirsche usw., muß der Draht – wie schon erwähnt – mit Papierstreifen umwickelt werden. Eine zusätzliche Vorsichtsmaßnahme besteht darin, den Stamm vor dem Drahten mit Bast, Kunstbast, Sisalhanf oder ähnlichem Material zu umwickeln.

Beim Drahten von dicken Ästen verfährt man wie mit den Stämmen.

Das Drahten schwächerer Äste ist einfacher. Wichtig ist, den Draht am Stamm zuerst mit drei oder vier Windungen so zu befestigen, daß sich dieses Ende nicht mehr bewegen kann.

Für zwei fast gegenüberstehende Zweige oder Äste sollte man nur einen Draht verwenden, der dann entsprechend länger abgeschnitten wird. In diesem Fall wird ein Ast rechts herum gedrahtet und der andere links herum. Von dieser Möglichkeit, zwei Äste mit einem Draht zu drahten, sollte man häufig Gebrauch machen, denn dabei entfällt die für jeden einzelnen Draht notwendige drei- bis vierfache Windung als Verankerung am Stamm (siehe Zeichnung 61). Junge belaubte Triebe werden erst gedrahtet, wenn ihr Wachstum abgeschlossen ist, und auch dann nur locker, ohne Laub zu beschädigen.

Zur Gestaltung der Spitze des Stammes leistet das Drahten ebenfalls gute Dienste. In der Spitze konzentriert die Pflanze ihre Wuchskraft, das zeigt der hochgeschossene Mitteltrieb vieler Jungpflanzen. Er ist oft länger, als für das harmonische Gesamtbild des Bäumchens wünschenswert ist, und hat zudem manchmal in seinem oberen Teil keine Verzweigung. Aber auch bei älteren Pflanzen ist häufig eine Korrektur der Spitze notwendig, weil sie zu hoch gewachsen ist, so daß die Pflanze sozusagen »kopflastig« wurde. In solchen Fällen wird der störende Teil unmittelbar über der obersten geeigneten Verzweigung abgeschnitten. Günstig ist, wenn dieser Seitenzweig genau zur Vorderseite des Bäumchens zeigt (siehe Zeichnung 62), damit die Schnittstelle von vorn nicht zu sehen ist. Dieser Zweig wird gedrahtet und senkrecht nach oben gebogen; die Spitze sollte allerdings wieder etwas nach vorn neigen (siehe Zeichnung 64). Ist in der gewünschten Höhe kein Zweig vorhanden, dann genügt auch eine Knospe, aus der später der neue Trieb entsteht und dann als Spitze geformt werden kann.

Das dem Drahten folgende Biegen hat den Zweck, das Bäumchen der gewünschten Form näherzubringen; dabei sind folgende Regeln zu beachten:

- Ein Bäumchen mit schräg nach oben wachsenden Ästen wirkt jünger als das gleiche Bäumchen mit schräg nach unten gebogenen Ästen. Durch Biegung nach unten betont man also das Alter. Man beachte die Vorbilder in der Natur!
- Das Biegen nach unten bremst das Wachstum des betreffenden Astes, deshalb soll seine Spitze etwas nach oben gebogen werden, sonst besteht die Gefahr, daß sie nicht weiterwächst oder womöglich vertrocknet (siehe Zeichnung 63).
- Beim Biegen ist darauf zu achten, daß jeder Ast so viel Licht wie möglich erhält, deshalb dürfen die Äste nicht genau übereinander stehen.
- Das Biegen muß behutsam ausgeführt werden, denn viele Baumarten brechen sehr leicht. Besonders an

61

63

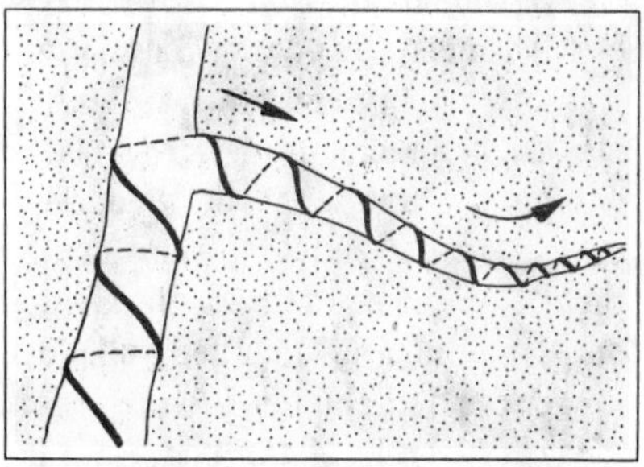

62

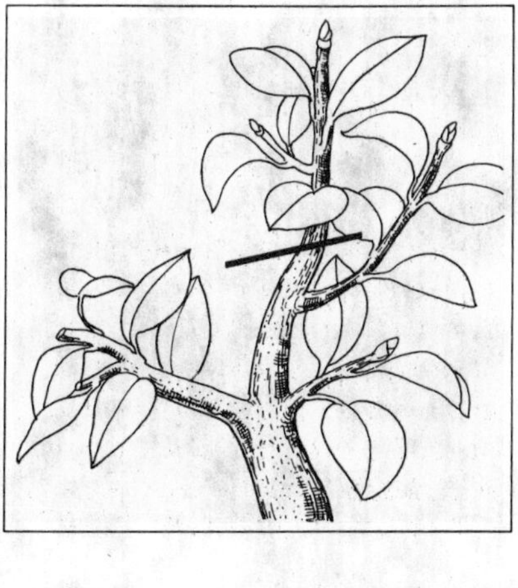

64

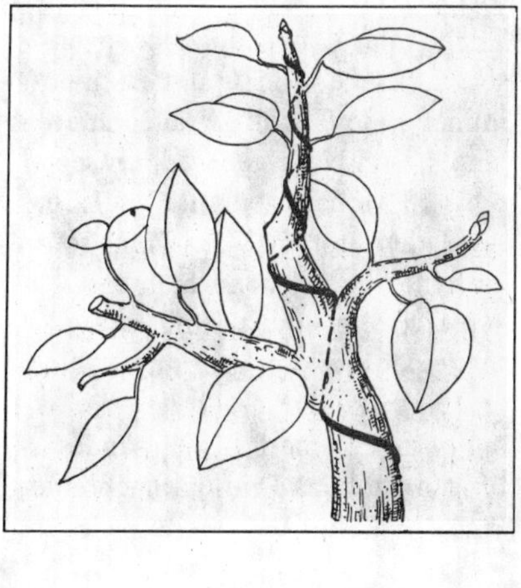

Astgabeln und dort, wo ein Stamm sich geteilt hat, besteht die Gefahr des Auseinanderbrechens oder Spaltens. Solche kritischen Stellen muß man mit einer Hand festhalten, während man mit der anderen den gedrahteten Teil vorsichtig biegt.

Bei gesunden Pflanzen nimmt der Durchmesser des Stammes und der Äste während der Vegetationsperiode jährlich zu. Bei Kiefern beginnt dieses Dickenwachstum zeitig im Jahr, schon Ende März bis Anfang April, während es z.B. bei Linden und Buchen 3 bis 4 Wochen später einsetzt. Besonders schnell geschieht der jährliche Durchmesserzuwachs bei der Linde, denn er ist schon im Juli fast abgeschlossen, während er bei den meisten anderen Baumarten erst im August/September aufhört. Das Dickenwachstum ist die Ursache, daß die gedrahteten Teile wieder entdrahtet werden müssen, wenn man nicht eine unschöne Beschädigung der Rinde in Kauf nehmen will. Je jünger die gedrahteten Pflanzenteile sind, desto früher kann der Draht wieder entfernt werden. Bei jungen Trieben der Laubgehölze genügen schon wenige Monate des Drahtens, immergrüne Gehölze brauchen etwas länger, und Nadelgehölze müssen 6 bis 18 Monate gedrahtet bleiben. Auf jeden Fall muß der Draht sofort entfernt werden, wenn man beobachtet, daß er in die Rinde einschneidet, weil der gedrahtete Pflanzenteil dicker geworden ist.

Für erhebliche Richtungsänderungen wird das Drahten nach einer Pause von einigen Monaten wiederholt, denn die Änderung ist nur schrittweise langsam zu erreichen, um Schaden zu vermeiden.

Das Entdrahten muß mit der gleichen Sorgfalt geschehen wie das Drahten, damit nicht Rinde oder Laub verletzt wird. Ist der Draht eingewachsen, wird er in kleinen Stücken mit der Zange entfernt. Sollte er von Rinde schon überwuchert sein, ist es besser, das überwachsene Stück Draht nicht herauszuoperieren, sondern an der Pflanze zu belassen und davor und dahinter so kurz wie möglich abzuschneiden.

## 5.4. Andere Methoden des Biegens oder Streckens

Wie der Schößling gebogen wird,
neigt sich der Baum.
*Englisches Sprichwort*

Es gibt noch andere Möglichkeiten, Stämme und Äste zu biegen, zu strecken oder zu begradigen.

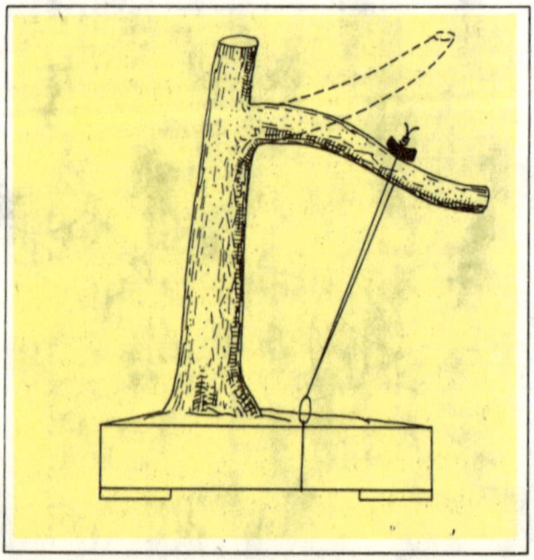

65

Die Gefahr der Verunstaltung der Rinde ist bei diesen Methoden geringer als beim Drahten, denn der Druck wird dabei nur auf eine, im Höchstfall auf drei Stellen ausgeübt. Diese Druckstellen müssen deshalb gepolstert werden, dazu eignet sich Gummi (Fahrradschlauch) oder Schaumgummi. Letzterer darf aber nicht zu dünn genommen werden, denn er läßt sich sehr zusammendrücken.

Einige Möglichkeiten zum Biegen oder Begradigen von Stämmen zeigen die Zeichnungen 65 bis 71. Die gestrichelten Linien deuten jeweils den ursprünglichen Verlauf des Stammes an. In vielen Fällen lassen sich Äste und Zweige mit Draht, Bindfaden oder anderen Hilfsmitteln in die gewünschte Richtung biegen, ziehen bzw. drücken. Dazu werden Festpunkte an der Pflanze selbst oder am Pflanzgefäß benötigt. Die Zeichnungen 65 bis 69 zeigen Beispiele. In Zeichnung 70 wird verdeutlicht, wie ein Ast aus einer zu steilen Haltung herabgedrückt

66

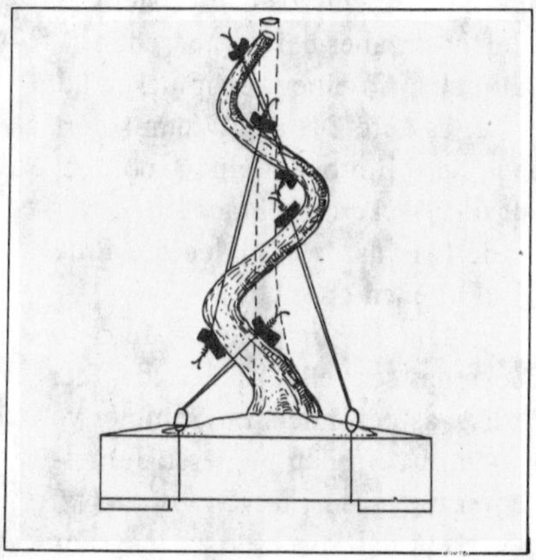

68

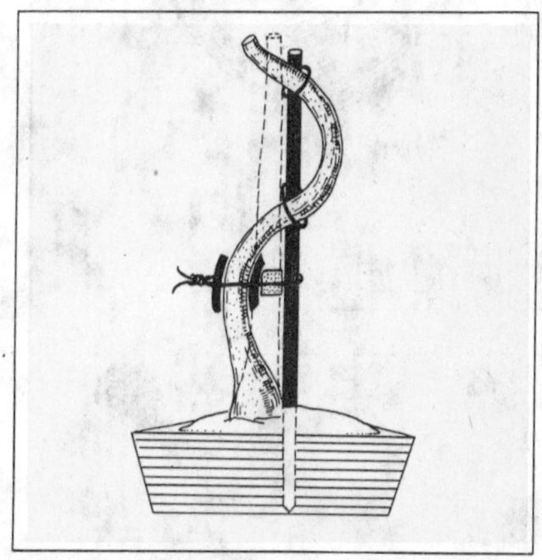

67

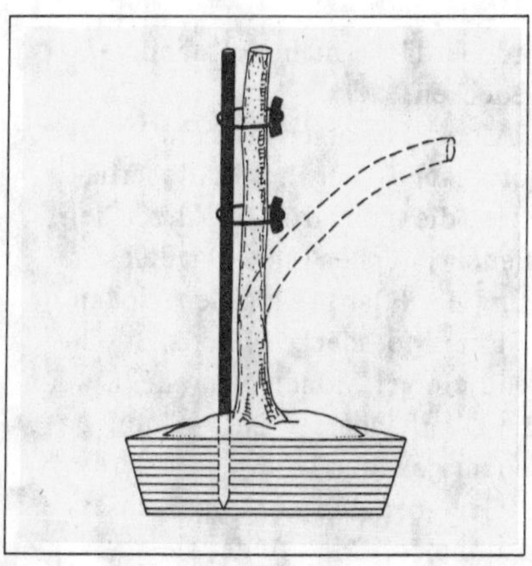

69

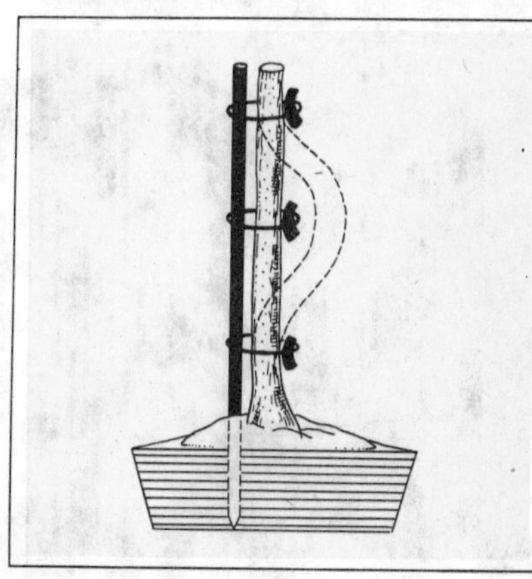

werden kann, und die Zeichnung 71 zeigt das Gegenteil. Oben ist die Ausgangsposition, in der Mitte der keilförmige Einschnitt und unten die Endstellung zu erkennen. Die Gabelung ist fest zu verbinden, damit die Schnittflächen aneinandergepreßt miteinander verwachsen.

70

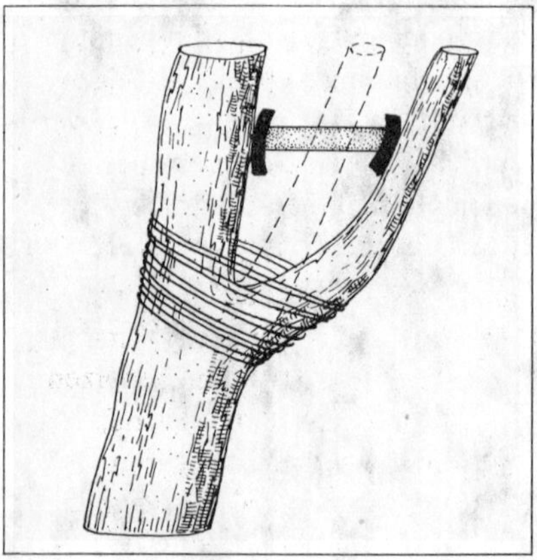

71

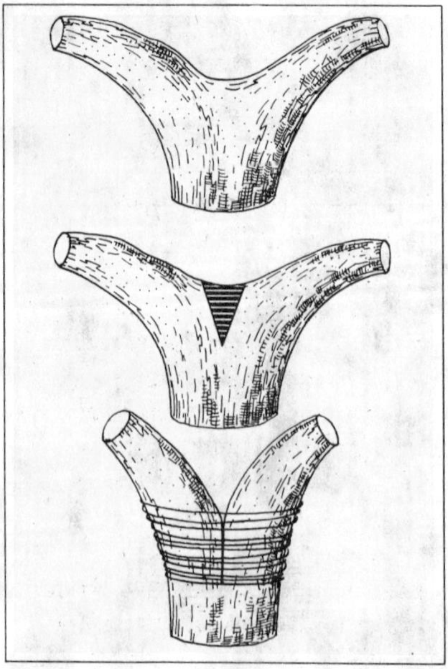

## 5.5. Moospolster und andere Unterpflanzungen

Nichts ist geeigneter, den Eindruck von Waldboden unter den Bäumchen zu erwecken, als das Moospolster. Da es außerdem noch nützliche Schutzfunktionen ausübt, welche die Betreuung der Miniaturbäume erleichtern, sollte man auf die Pflanzung und Erhaltung einer Moosdecke nicht verzichten. Bei der Jungpflanzen-Anzucht allerdings erschwert das Moospolster die Betreuung mehr, als daß es sie erleichtert; aber bei erwachsenen Bäumchen in einem Schmuckgefäß leistet es gute Dienste. Wenn sofort nach dem Eintopfen eine Moosdecke auf die Deckerde gebracht wird, verhindert sie das Wegspülen der Erde beim Gießen oder bei Regen. Außerdem verhindert eine Moosdecke das schnelle Austrocknen der Erde, was besonders im Sommer von Nutzen ist. In den kühleren Jahreszeiten hingegen kann Moos auch bewirken, daß die Erde zu langsam austrocknet, deshalb sollte es die Erdoberfläche nicht vollständig bedecken.

Moose versorgen sich mit Wasser vorwiegend über ihre Blattoberflächen; die fadenartigen Würzelchen dienen in erster Linie der Befestigung der Pflanzen auf dem Boden.

Eine Moosdecke bildet sich während einiger Monate von allein, wenn die Oberfläche der Erde ständig feucht gehalten wird.

Geeignet sind nur kurzwachsende Laubmoose. Man findet sie an Wegrändern, im Wald, zwischen Wegsteinen, an feuchten Mauern, Felsen und ähnlichen geschützten Stellen.

Auf keinen Fall sollte man Moos aus den verschiedenen Familien der Lebermoose wählen, da es trocken geworden oder abgestorben sehr unschön aussieht (siehe Farbfoto 54). Das sogenannte Sternmoos (siehe Farbfoto 53) ist kein echtes Moos, sondern eine Pflanze, die zur Familie der Nelkengewächse gehört und Wurzeln hat, die der Erde viel Wasser entziehen. Wo es auftritt, sollte man von Anfang an die kleinen Sämlinge mit der Pinzette herausziehen; ältere Pflanzen entfernt man mit dem Messer.

Sofort nach dem Sammeln ist das Moos anzufeuchten; es ist schattig, windgeschützt und flach ausgebreitet aufzubewahren und feucht zu halten. So hat man für einige Zeit eine Reserve.

Vor dem Auflegen des Mooses muß die Erde gut angefeuchtet werden, und falls sich eine dünne Kruste gebildet hat, ist sie vorsichtig mit einem Stäbchen aufzulockern. Das in flachen Schalen gesammelte Moos wird nun naß in kleinen, höchstens handtellergroßen Stücken eng aneinander aufgelegt und vorsichtig mit der flachen Hand oder einem Pinzettengriff angedrückt. Mit Hilfe kleiner krampenartig gebogener Drahtstücke kann es zusätzlich angeheftet werden, denn wo zwischen Moospolster und Erdoberfläche Hohlräume bleiben, wächst das Moos nicht an. Es ist ständig feucht zu halten, damit es nicht abstirbt.

Eine andere Methode, Moos auf die Miniaturbaumgefäße aufzubringen, besteht darin, das gesammelte Moos zu trocknen und durch ein grobes Sieb zu reiben. Die kleinen Stückchen werden nun auf die feuchte Oberfläche der Erde gestreut, angedrückt und ständig feucht gehalten.

Um den Eindruck eines Waldbodens oder einer Waldlichtung zu vervollkommnen, gibt es noch weitere Möglichkeiten. Man sollte aber sparsam unterpflanzen, denn die Unterpflanzung darf nicht dominieren. Unter Birken und Kiefern passen Heidekräuter (*Calluna*) und niedrige Gräser. Unter Laubgehölzen und Fichten sind niedrige Farne, Moosfarne und Muehlenbeckien (kriechendes Zwerggehölz) geeignet. Die verwendeten winterharten Pflanzenarten müssen ab und zu durch Auslichten an einer allzu üppigen Entwicklung gehindert werden.

## 5.6. Hinweise für besondere Formgestaltung

In den folgenden Abschnitten werden Hinweise zu speziellen gärtnerischen Techniken gegeben, die für die Gestaltung einzelner Wuchsformen und für die Pflanzung der Felsen- und Waldform besonders zu beachten sind.

»Kaskaden- und Halbkaskadenform«
Vorbilder für diese Wuchsform findet man auf und zwischen Felsen in den

Gebirgen und am Rande von Gewässern.

Besonders geeignet sind Wacholder und Kiefern. Vorzuziehen sind Pflanzen, die bis tief herunter Äste haben und deren Stamm sich noch leicht biegen läßt oder schon gebogen ist.

Die ausgewählte Pflanze wird in die Mitte oder – wenn notwendig – an den hinteren Rand eines runden oder quadratischen tiefen Gefäßes gepflanzt. Der Stamm wird in einem kurzen Bogen über den Rand des Gefäßes nahezu senkrecht nach unten gebogen, ohne den Rand zu berühren; die Baumspitze soll sich unter dem Gefäßboden befinden. Die Pflanze muß also später am Rande eines Tisches oder eines auf einem Pfahl befestigten quadratischen oder runden Brettes aufgestellt werden.

72

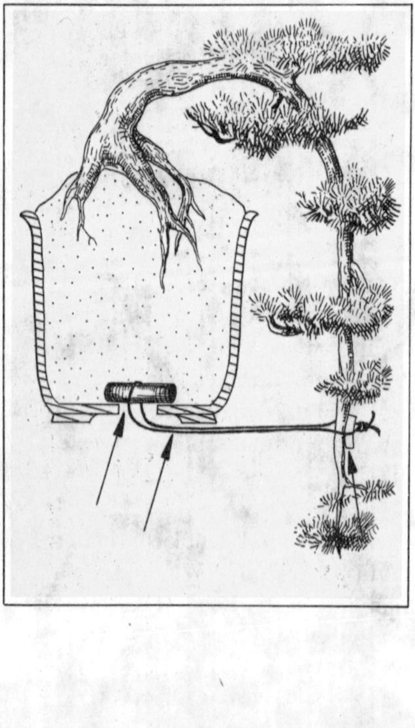

Dort ist das Gefäß festzubinden, damit es bei Wind nicht herunterfallen kann. Die Zeichnung 72 zeigt, wie der Stamm der Kaskadenform in seiner senkrechten Lage zu Beginn der Gestaltung verankert werden kann.

Es gibt auch Kaskadenformen, bei denen nur ein kurzer Stamm vorhanden ist, der sich nach unten hängend fächer- oder reisigbesenförmig verzweigt. Hängebirken und Hängelärchen eignen sich für diese Form besonders gut.

Der Stamm der Halbkaskadenform verläuft nach einem Bogen mehr oder weniger waagerecht über den Rand des Gefäßes hinaus.

Die weitere Formung unterscheidet sich von der aufrechten Form nur dadurch, daß kein Ast nach hinten verläuft. Es ist günstig, wenn man den obersten Ast so gestaltet, daß er den Bogen des Stammes verdeckt, über dem Stamm also eine kleine Baumkrone bildet.

»Fächer- oder Besenform«
Für diese Form eignen sich Zelkoven-, Linden-, Ulmenarten, Weißbuchen und die Scheinzypressenart *Chamaecýparis pisífera* mit einigen ihrer Formen.

Der Aufbau ist einfach, man topft die Jungpflanze ein, läßt sie 20 bis 25 cm hoch wachsen und stutzt sie dann in einer Höhe von 12 bis 16 cm, je nachdem, welche Stammhöhe man wünscht. Im nächsten Jahr beläßt man von den austreibenden Trieben nur die obersten drei. Diese werden, nachdem sie 5 bis 7 Blätter gebildet haben, auf 2 bis 3 Blätter bzw. Augen zurückgeschnitten. Mit der in den Folgejahren entstehenden Verzweigung verfährt man ebenso.

»Floßform«

Das Vorbild in der Natur sind gestürzte Bäume, deren Äste sich zu einzelnen Bäumen auswachsen, so daß der Eindruck einer kleinen Baumgruppe bzw. Baumreihe entsteht.

Diese Form beginnt man mit einer mehrjährigen gut verzweigten Pflanze; es genügt, wenn sie nur auf einer Seite Äste hat. Der Stamm sollte bis zum ersten Ast so kurz wie möglich sein (siehe Zeichnung 73).

Die Pflanze wird umgelegt, die Seite mit den meisten Ästen nach oben; alle anderen werden abgeschnitten. Es verbleiben mindestens 5 oder 7 Äste, auf jeden Fall soll es eine ungerade Zahl sein (siehe Zeichnung 74).

Die Äste werden gedrahtet, aufwärts gerichtet, nicht gekürzt, und in ihrem unteren Bereich von Nebenästen befreit (siehe Zeichnung 74). Auf der Unterseite des Stammes werden in seiner Wuchsrichtung, also von unten nach oben, Schnitte zu etwa $\frac{1}{4}$ bis $\frac{1}{3}$ des Stammumfanges hinein ausgeführt (siehe Zeichnung 75). Die Schnittstellen bestreut man sofort mit einem Bewurzelungshormon-Puder.

Darauf wird die Pflanze in eine Kiste gepflanzt, die so tief sein muß, daß der Stamm etwa 5 cm mit Erde bedeckt werden kann (siehe Zeichnung 76).

Innerhalb von 1 bis 2 Jahren wird der Stamm an den Schnittstellen

73

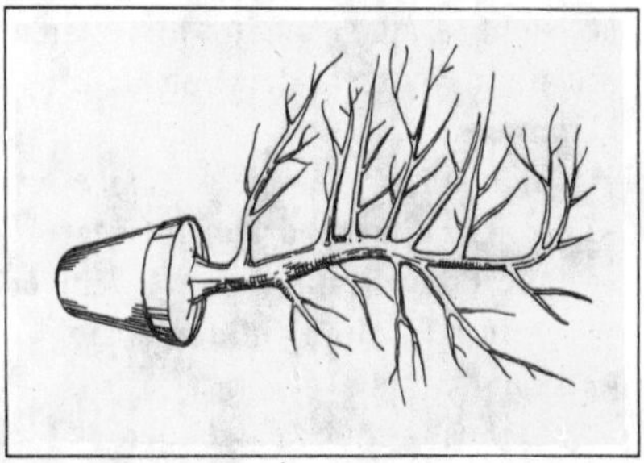

75

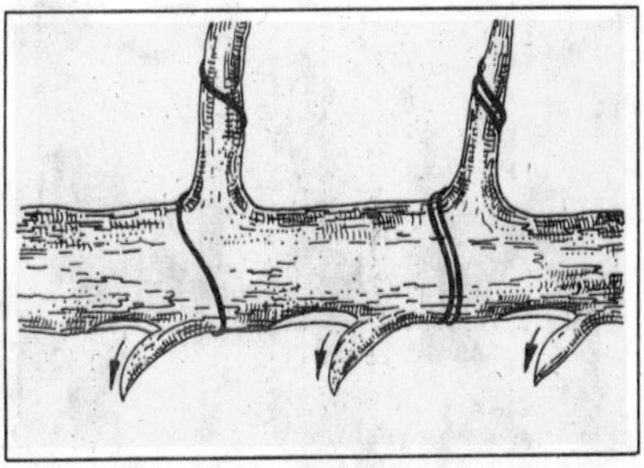

74

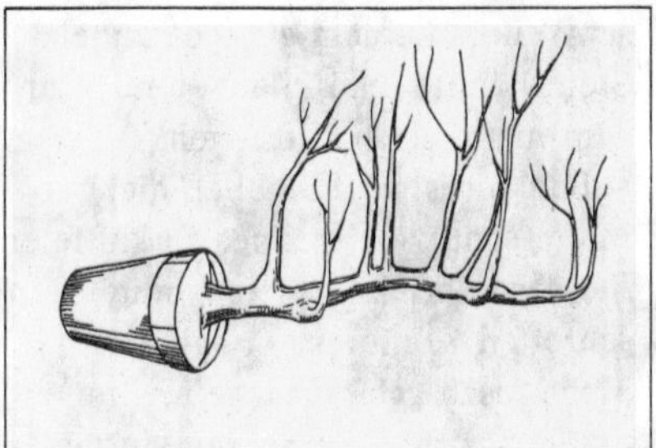

76

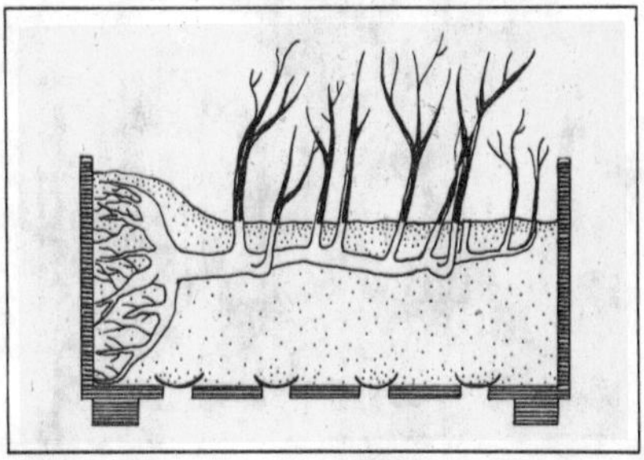

Wurzeln bilden. Dann schneidet man den ursprünglichen Wurzelballen ab und pflanzt den Stamm so in ein flaches Gefäß, daß der Stamm sichtbar bleibt (siehe Zeichnungen 77 und 78).

»Windgepeitschte Form«
Als Vorbild dienen Bäume, deren Äste und Zweige alle in eine Richtung gewachsen sind, da sie jahrelang vorwiegend einer Windrichtung ausgesetzt waren, wie die »Windflüchter« an der Küste.

Für diese Form eignen sich Pflanzen mit aufrechtem oder schrägem Stamm, der nur oder vorwiegend auf einer Seite beastet ist. Alle Äste müssen durch Drahten waagerecht nach einer Seite gerichtet werden, auch die Spitze. Entgegengesetzt wachsende Äste sind mit einem kurzen Bogen in die Richtung der anderen Äste zu bringen, oder sie müssen kürzer gestaltet werden als die in Windrichtung wachsenden.

77

78

»Wurzel über Stein-Form«
Gehölze nutzen die beschränkten Wachstumsbedingungen zwischen und auf Felsen in verschiedener Weise.

Sie verankern sich zwischen Felsspalten und holen sich Nahrung und Wasser aus der geringen Erdmenge, die Verwitterung und Wind dort angesammelt haben. Andere wieder keimen und wachsen in der dünnen Erdschicht, die manchmal Felsen bedeckt, und wurzeln bis weit hinunter in mächtigere Erde unterhalb oder neben den Felsen. Wenn dann im Laufe der Jahrzehnte die geringe Erdschicht am Wurzelhals und auf dem oberen Teil der Wurzeln weggeschwemmt und weggeweht worden ist, sieht es aus, als hätte die Pflanze mit ihren Wurzeln den Felsen umklammert.

Zur Pflanzung einer solchen Form wählt man eine niedrige, gut verzweigte Pflanze mit mehreren langen Wurzeln aus, die nicht eingekürzt werden.

Die Auswahl des passenden Steines (Felsens) erfordert Aufmerksamkeit. An einem glatten runden Stein könnte man Pflanze und Wurzeln nicht sicher befestigen, außerdem ist sein Anblick nicht so interessant wie der eines zerklüfteten Steines oder eines Steines mit schroffen Konturen. Er sollte aber nicht frisch gebrochen sein. Gut brauchbar sind Steine, die auf der

Spitze oder seitlich eine Vertiefung haben, in welcher die Pflanze befestigt werden kann, oder abwärts laufende Rinnen, in welche die Wurzeln nach unten eingelegt werden können. Mit geeignetem Werkzeug kann man Vertiefung und Rinnen auch selbst herausarbeiten.

Ausreichende Standfestigkeit des Steines ist notwendig, sonst könnte er sich später nach einer Seite neigen oder gar umfallen. Durch Abschleifen oder Unterlegen von festem, dauerhaftem Material läßt sich Standfestigkeit erreichen. Kieselsteine sind meist ungeeignet, wohingegen die verschiedenen Tuffe in doppelter Hinsicht Vorzüge haben: Sie lassen sich gut bearbeiten und haben ein relativ großes Wasserhaltevermögen, das trifft auch für den Sandstein zu.

Außer Pflanze und Stein müssen noch verschiedene Hilfsmittel bereitgelegt werden:

- Hammer, Meißel und Körner für Steinarbeiten,
- Drahtstücke zum Befestigen von Pflanze und Wurzeln,
- Gips, schnell trocknender Leim oder Bleistücke zur Drahtbefestigung,
- Lehm, Wasser und zerkleinertes Moos,
- die für die ausgewählte Pflanze geeignete Erdmischung,
- flache Pflanzschale.

Die Arbeitsgänge

Der Wurzelballen der Pflanze wird vorsichtig von Erde gesäubert. Die Pflanze wird dem Stein angepaßt, die günstigste Plazierung markiert und der Verlauf der Wurzeln über die Seiten des Steines hinab festgelegt. Überall dort, wo auf dem Stein Wurzeln verankert werden sollen, werden Drahtstücke von 6 bis 10 cm Länge mit Hilfe von Gips oder schnelltrocknendem Leim befestigt.

Es ist auch möglich, die Drähte mit Hilfe kleiner Bleiplomben und einem Körner in vorgebohrten Löchern zu befestigen. Diese Drähte dienen dann der Befestigung von Pflanze und Wurzeln.

Die bloßgelegten Wurzeln sind während dieser Arbeiten immer feucht zu halten; besonders die Wurzelspitzen dürfen nicht vertrocknen.

Die Pflanze wird aufgesetzt und an Wurzelhals und Wurzeln mit den vorbereiteten Drähten befestigt. Man kann Pflanze und Wurzeln statt mit Drähten auch mit einem nicht verrottenden Bindfaden sorgfältig am Stein befestigen, indem man ihn mehrmals um den Stein wickelt und dabei Pflanze und Wurzeln erfaßt. Wurzeln, die unten über den Stein hinaus reichen, werden später in die Schale eingepflanzt.

Nachdem Pflanze und Wurzeln gut befestigt sind, werden Wurzelhals und Wurzeln mit einem dicken knetbaren Brei aus Lehm bedeckt. Dann wird der Stein mit der Pflanze in die vorgesehene Pflanzschale gestellt. Die über den Stein hinausreichenden langen Wurzeln werden auf einer dünnen Pflanzerdeschicht verteilt, und weitere Pflanzerde wird aufgefüllt. Den über die Pflanzerde ragenden Teil des Steines bedeckt man mit einer Moospackung, die mit Bindfaden befestigt wird. Das Moos muß feuchtgehalten werden. Es verhindert, daß beim Gießen oder bei Regen der Lehmbrei von den Wurzeln weggespült wird, denn vorläufig sollen die Wurzeln im feuchten Substrat noch geschmeidig bleiben und wachsen.

Nach frühestens 6 Monaten können Moospackung und Lehm vorsichtig entfernt und abgewaschen werden, vorausgesetzt, die Pflanze ist mit ihren Wurzelenden eingewurzelt. Drähte bzw. Bindfaden dürfen erst entfernt werden, wenn man sicher ist, daß die Pflanze mit ihren Wurzeln fest auf dem Stein sitzt. Anstelle der Moospackung kann man auch eine in der Größe passende, unten aufgeschnittene Folietüte über den Stein ziehen. Die Pflanze muß über dem Rand der Folie stehen und zwischen Stein mit Wurzeln und Folietüte ein Abstand von 2 bis 5 cm bleiben. Dieser Zwischenraum wird mit sandiger Erde ausgefüllt und feuchtgehalten. Die Folie nimmt man wie das Moos frühestens nach 6 Monaten ab.

Damit Pflanze und Wurzeln noch mehr Zeit haben, mit dem Stein zu einer optischen Einheit zu verwachsen, ist es auch möglich, im Abstand von einem Jahr die Folie von oben nach unten jeweils nur in schmalen Streifen nach und nach zu entfernen.

»Felsenpflanzung«

Bei dieser Pflanzung wachsen die Wurzeln nicht wie bei der »Wurzel über Stein«-Form über den Stein hinab in den tiefer gelegenen Boden, sondern müssen sich auf dem Stein (Felsen) aus einer kleinen Vertiefung, die der Pflanze als Halt dient, mit Feuchtigkeit und Nährstoffen versorgen, deshalb benötigt diese Form die meiste regelmäßige Pflege.

In diesem Fall soll die Pflanze einen kleinen Wurzelballen haben. Der Stein dafür ist größer zu wählen; denn er wird nach der Pflanzung in eine mit Wasser oder feinem Sand gefüllte Schale gestellt und soll den Eindruck einer Insel oder eines Ufers erwecken.

Auf seiner Oberseite oder seitlich wird eine geeignete Stelle ausgewählt, die groß genug sein muß, den Wurzelballen aufzunehmen, andernfalls ist mit Hammer und Meißel nachzuhelfen. Diese Vertiefung muß einen Wasserabfluß haben, der auch seitlich liegen kann.

Die Wurzeln der Pflanze werden so geschnitten, daß der Wurzelballen in die vorbereitete Vertiefung hineinpaßt. Bevor die Pflanze eingesetzt wird, befestigt man mehrere Drähte in der Vertiefung, so wie es bereits bei der »Wurzel über Stein«-Form beschrieben worden ist. Sollte es notwendig sein, die Pflanzen zu drahten, so geschieht es vor dem Einpflanzen. Anschließend wird eine feuchte Mischung aus je einem Teil Lehm und Torfmull in die Vertiefung eingebracht. Darauf setzt man die Pflanze und bindet sie mit den vorher befestigten Drähten fest. Vorsicht, daß keine Wurzeln verletzt werden! Anschließend eine weitere Schicht Lehm-Torf-Brei aufbringen.

Damit diese nicht nach und nach bei Regen und beim Gießen abgespült werden kann, bedeckt man sie mit flachen Moosplatten, die mit Hilfe von krampenähnlichen Drahtklammern festgesteckt werden.

Aufgestellt und gepflegt wird wie bei den anderen Pflanzen. Die Felsenpflanzung sollte aber frostfrei überwintern. Sie muß im Sommer häufiger kontrolliert und gegossen oder übersprüht werden. Diese Pflanzungsform läßt sich nicht verpflanzen. Lediglich die Lehm-Torfmull-Mischung soll man von Zeit zu Zeit vorsichtig teilweise austauschen, ohne Wurzeln zu verletzen, und selbstverständlich nur während der üblichen Umtopfzeit.

Die Formung der Pflanzen geschieht in der bereits beschriebenen Weise (siehe Abschnitte 5.3. und 5.4.). Wichtig ist, daß das Bäumchen bei dieser Pflanzung im harmonischen Verhältnis zum Stein gehalten wird, es darf nicht dominieren.

»Waldform«

In keiner anderen Pflanzung und Formung wirken junge Pflanzen schon so eindrucksvoll wie in einem Wäldchen. Die Pflanzgefäße dafür müssen flach und lang sein, z.B. oval oder rechteckig mit flachem Rand. Auch plattenförmige, unsymmetrisch geformte Natursteine, deren Ränder wenigstens teilweise nach oben gewölbt sind, eignen sich. Bis zum Verpflanzen in das endgültige Gefäß kann man eine flache Kiste mit Löchern im Boden verwenden.

Bei der Auswahl der Pflanzen für die Waldform sind folgende Gesichtspunkte zu beachten:

Der Anfänger wird vorerst nur eine Baumart für eine Waldpflanzung wählen, aber auch dem Geübten sind höchstens zwei Arten zu empfehlen, sonst wirkt die Pflanzung unruhig. Die Pflanzen einer Art sollen alle die gleiche Wuchsform haben, am besten die »Streng aufrechte Form« oder die »Schrägstamm-Form«. Höhe und Alter der Pflanzen müssen dagegen sehr unterschiedlich sein, um der Pflanzung Perspektive zu verleihen und in der Zusammenstellung eine gewisse Spannung zu erreichen. Pflanzen, die für eine Einzelpflanzung nicht geeignet sind, weil ihre Beastung einseitig ist oder erst sehr hoch beginnt, lassen sich für die Waldform gut verwenden.

Man nimmt wenigstens fünf Pflanzen oder eine höhere ungerade Anzahl. Die Neun ist in Ostasien dafür nicht beliebt. Die Pflanzung läßt sich probeweise gut im Gefäß zusammenstellen, wenn die Pflanzen kleine, feste Wurzelballen haben, also aus Töpfen stammen.

Sind nur Pflanzen mit einer lokkeren Bewurzelung vorhanden, kann man sich helfen, indem man nach dem Schneiden der Triebe und Wurzeln das Wurzelwerk in Wasser taucht und mit einem kleinen Ballen aus feuchtem knetbarem Lehm umgibt. So vorbereitet, lassen sie sich leicht nebeneinander im Gefäß gruppieren, so daß man die günstigste Komposition finden kann. Der Lehm wird beim Pflanzen an den Wurzeln belassen. Es gibt viele Möglichkeiten der Gruppierung, die Zeichungen 79 bis 83 geben Anregungen. Die Höhe und Stammstärke der Bäume in den Zeichnungen wird durch die Größe der Ringe angedeutet.

Zuerst plaziert man die stärksten Pflanzen als Schwerpunkte und gruppiert anschließend die kleineren; niemals dürfen drei Pflanzen in einer geraden Reihe stehen, weil das ein spannungsloses Bild ergäbe.

Zur Befestigung der einzelnen Pflanzen zieht man Drähte durch die Abzugslöcher des Gefäßes, mit denen die Wurzelballen festgebunden werden. Wenn diese Maßnahme nicht genügt, weil Pflanzen zu weit von Abzugslöchern entfernt stehen, bindet man ein Gitter aus dünnen Bambus- oder Kunststoffstäbchen, legt es – an den entsprechenden Stellen mit Drähten versehen – in das Gefäß, stellt die Pflanzen darauf und bindet sie am Gitter fest.

Perspektive und Tiefe eines Wäldchens werden betont, wenn die großen und starken Pflanzen mehr in den Vordergrund und die schwächsten nach hinten gepflanzt werden. Mit Hilfe von unbepflanzten Flächen und einer Höhen-Tiefen-Bewegung des Bodens läßt sich eine Waldpflanzung außerdem noch variieren.

Die Auflage von Moospolstern ist hier besonders zu empfehlen, um den Waldcharakter zu betonen. Die Pflege einer Waldpflanzung entspricht der von Einzelpflanzen.

Beim Verpflanzen, welches auch bei Waldpflanzungen alle 2 bis 3 Jahre notwendig ist, wird es meist erforderlich, die Komposition neu zu ordnen oder Pflanzen auszutauschen.

Bei der Gestaltung durch Schneiden ist zu beachten, daß nach außen wachsende Äste und Zweige geför-

79

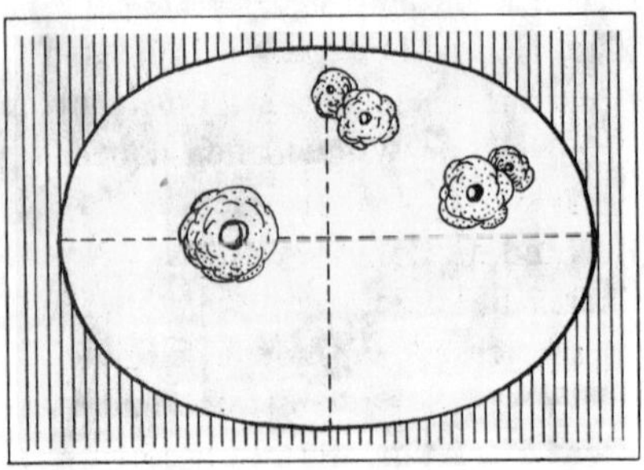

81

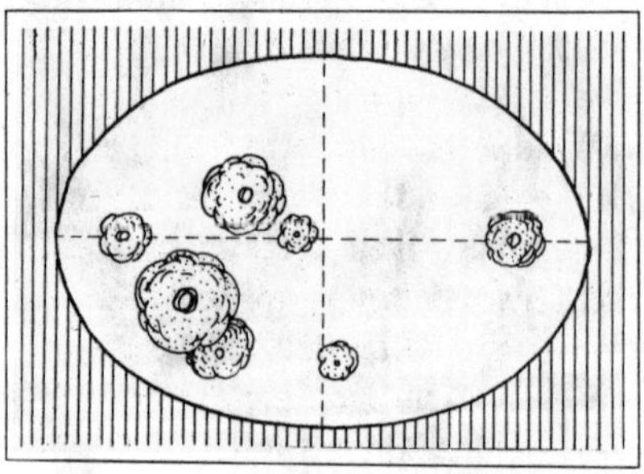

80

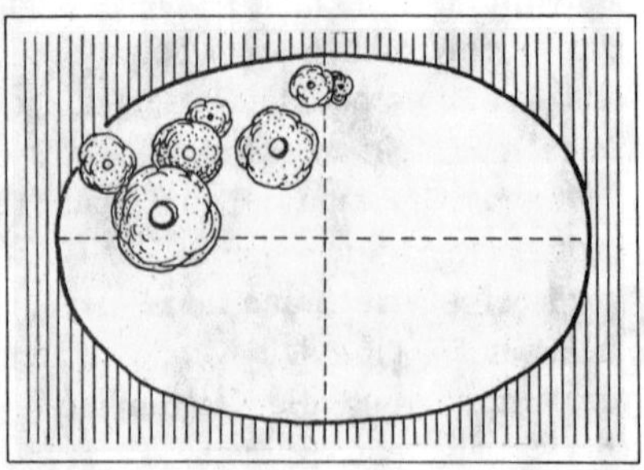

82

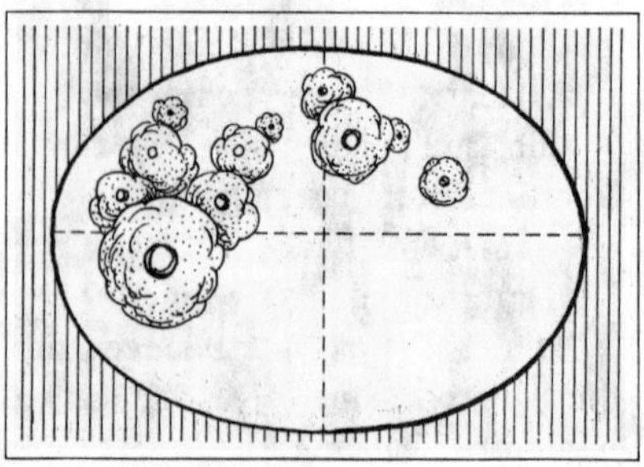

dert, nach innen wachsende aber stark gekürzt oder entfernt werden.

Das richtige Ausrichten der Stämme trägt viel zum ruhigen, harmonischen Eindruck bei. Folgende Möglichkeiten, die aber nur Anregung sein können, bieten sich an:

- Alle Stämme stehen kerzengerade nach oben.
- Alle Stämme erhalten eine leichte Neigung nach rechts bzw. nach links.
- Die mittleren Stämme stehen senkrecht, und die sie umgebenden sind leicht zum Rand nach außen geneigt.

Wenn notwendig, müssen einzelne Stämme gedrahtet werden.

## 5.7. Künstliches Altern von Pflanzenteilen (jin und shari)

Alte Bäume, besonders freistehende, können bei Stürmen und Blitzschlag Verletzungen erleiden. Starke Äste oder Baumwipfel brechen, Stämme werden gespalten, Äste brechen so herab, daß lange Rindenstreifen unterhalb des Astansatzes herausgerissen werden. Derart sturmgeschädigte Bäume bieten einen romantischen Anblick; wir bewundern ihre Lebenskraft, die sie durch verstärktes Treiben und Grünen der verbliebenen Teile beweisen. Ein ähnlicher Effekt kann an älteren Bonsai künstlich hervorgerufen werden, indem von einem Ast oder von der Spitze des Baumes die Rinde bis auf das harte Holz mit einem Messer vollständig abgeschält wird (im Japanischen »jin« genannt). Eine andere Möglichkeit besteht darin, nur Rindenstreifen entlang des Stammes oder von den Ästen zu entfernen. Diese Methode heißt im Japanischen »shari« und wird vornehmlich beim Wacholder angewendet. In beiden Fällen wird das sauber geglättete Holz anschließend mit einer gesättigten Zitronensäure-Lösung bepinselt oder mit einer Lösung von Kalk und Schwefel im Verhältnis von 1:1 bestrichen. Die Lösung wird hergestellt, indem man 25 g ungelöschten Kalk und 50 g pulverisierten Schwefel in je 100 ml Wasser getrennt anrührt, anschließend zusammenschüttet und etwa 1 Stunde lang kocht. Die Brühe darf nur abgekühlt verwendet werden.

Mit dieser Behandlung erreicht man die helle, gebleichte Färbung der von Rinde befreiten Stellen, allerdings muß das Bepinseln nach vorsichtiger Säuberung jeweils nach 6 Monaten wiederholt werden.

Künstliches Altern wird in der Ruhezeit ausgeführt und ist nur bei solchen Pflanzen anzuraten, die durch ihr sonstiges Aussehen auf ein gewisses Alter schließen lassen, sonst wirkt es unnatürlich.

83

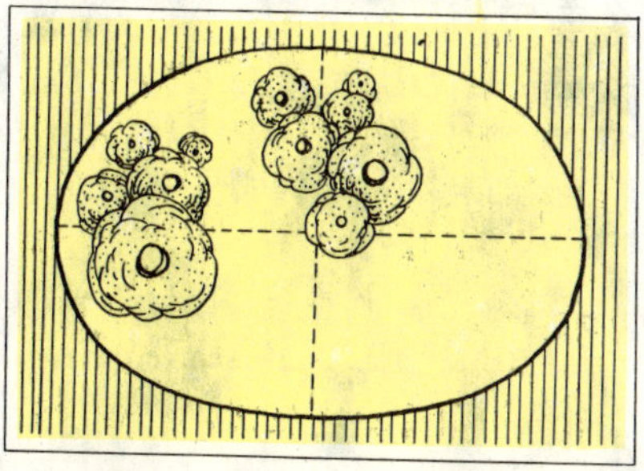

# 6. Winterharte Pflanzenarten für Miniaturbäume

Die Tabellen enthalten Pflanzenarten, die in Baumschulen zu erhalten sind. Außer den angeführten Arten gibt es noch eine Fülle anderer. Die Angaben sind lediglich als Anhaltspunkte zu betrachten.

In den Tabellen 6.1., 6.2. und 6.3. werden folgende Abkürzungen verwendet:

| | | | |
|---|---|---|---|
| 1–12 | = | Monatsangaben | |
| A | = | geeignet für »Streng aufrechte Form« | (Chokkan) |
| B | = | geeignet für »Frei aufrechte Form« | (Moyogi) |
| C | = | geeignet für »Besenform« | (Hokidachi) |
| D | = | geeignet für »Windgepeitschte Form« | (Fukinagashi) |
| E | = | geeignet für Form »Geneigter Stamm« | (Shakan) |
| F | = | geeignet für »Halbkaskaden-Form« | (Han-Kengai) |
| G | = | geeignet für »Kaskaden-Form« | (Kengai) |
| H | = | geeignet für »Literaten-Form« | (Bunjin-gi) |

Die römischen Ziffern gelten für die einzelnen Schnittmethoden der Triebe:

I = im Frühjahr die weichen Austriebe bis auf 5 bis 6 Nadelpaare ausbrechen.
Beispiel: Gewöhnliche Kiefer.

II = alle 2 Jahre im August die Jahrestriebe bis auf etwa 5 Nadelpaare oder ganz zurückschneiden.
Beispiel: Gewöhnliche Kiefer

III = in der Wachstumszeit immer wieder Spitzen des neuen Austriebes ausbrechen.
Beispiel: Wacholder

IV = den jungen Austrieb auf 1 bis 2 Blätter oder Blattpaare zurückschneiden, wenn er eine Länge von etwa 5 Blättern oder Blattpaaren erreicht hat.
Beispiel: Eichen

V = im Juli junge Austriebe auf 2 Augen zurückschneiden, nochmaligen Austrieb auf 1 Auge reduzieren.
Beispiel: Zieräpfel

VI = nach der Blüte die Blütentriebe auf 2 bis 3 Augen, im Juli den langen Neuaustrieb und im Oktober nochmals alle Triebe auf 4 bis 5 Augen zurückschneiden.
Beispiel: Zierkirsche

VII = bis zum September die jungen Austriebe, wenn sie etwa 2 bis 3 cm Länge haben, auf 1 cm kürzen.
Beispiel: Fichte

VIII = bis zum September die jungen Austriebe, wenn sie etwa 1 bis 1,5 cm Länge haben, kürzen.
Beispiel: Sicheltanne

IX = die jungen Austriebe werden bereits auf 1 bis 2 Blätter eingekürzt, wenn sie erst 2 Blätter gerade entfaltet haben.
Beispiel: Rotbuche

## 6.1. Tabelle der Nadelgehölze

| Name | Bevorzugte Formen | Standort | Gießen | Düngen | Umtopfen | Bemerkungen | Schnittmethode für Triebe |
|---|---|---|---|---|---|---|---|
| Atlaszeder | A, B, E | hell | mittel | 4–9 | 2–3, alle zwei Jahre | kalkliebend | III |
| Bergkiefer | B, D, F | sehr hell | mittel | 4–9 | 9 oder 2–3, alle zwei bis drei Jahre | | I bei alten Bäumen auch II |
| Eibe, heimische<br>Eibe, japanische | A, B | Halbschatten | mittel | 5–6 und 9 | 9 oder 2–3, alle ein bis zwei Jahre | weibl. Pflanzen bevorzugen | III wenn Früchte erwünscht, bis nach der Blüte warten |
| Fichte, gemeine | A, B, D, E, F, H | hell bis Halbschatten | reichlich | 4–9 | 9 oder 2–3, alle zwei bis drei Jahre | für Luftfeuchtigkeit sorgen, Vorsicht vor Spätfrösten | VII |
| Fichte, serbische | A, B, D, E | hell, im Sommer schattig | reichlich | 4–9 | 9 oder 2–3, alle zwei bis drei Jahre | rauch- u. rußunempfindlich | VII |
| Fichte, Weiß- oder Schimmelfichte | A, B, D, E, F, H | hell, im Sommer schattig | reichlich | 4–9 | 9 oder 2–3, alle zwei bis drei Jahre | für Luftfeuchtigkeit sorgen, Vorsicht vor Spätfrösten | VII |

**6.1. Tabelle der Nadelgehölze (Fortsetzung)**

| Name | Bevorzugte Formen | Standort | Gießen | Düngen | Umtopfen | Bemerkungen | Schnittmethode für Triebe |
|---|---|---|---|---|---|---|---|
| Hemlockstanne | A, B, D, E | schattig | reichlich | 4–9 | 2–3, jährlich | liebt Luftfeuchtigkeit | III |
| Kiefer, gewöhnliche, Föhre | A, B, D, E, H | sehr hell | mittel | 4–9 | 9 oder 2–3, alle zwei bis drei Jahre | | I, bei alten Bäumen auch II |
| Kiefer, Zwergformen | A, B, D, E | sehr hell, | mittel | 4–9 | 9 oder 2–3, alle zwei bis drei Jahre | | I, bei alten Bäumen auch II |
| Korea-Tanne | A, E | Sonne | reichlich | 4–9 | 2–3, alle zwei bis fünf Jahre | für Luftfeuchtigkeit sorgen | VII |
| Lärche, europäische | A, B, E | hell | reichlich | 4–9 | 2–3, alle zwei Jahre | | III ab Juni |
| Lärche, japanische | A, B, E | hell | reichlich | 4–9 | 2–3, alle zwei Jahre | für Luftfeuchtigkeit sorgen | III ab Juni |
| Mädchenkiefer | A, B, D, E, F, G, H | hell | mittel | 4–9 | 9 oder 2–3, alle zwei bis drei Jahre | | I siehe auch Seite 87f. |
| Scheinzypresse (viele Formen) | A, B, D | Halbschatten | reichlich | 4–9 | 3–4, alle zwei Jahre | für Luftfeuchtigkeit sorgen | III |

| Name | Bevorzugte Formen | Standort | Gießen | Düngen | Umtopfen | Bemerkungen | Schnittmethode für Triebe |
|---|---|---|---|---|---|---|---|
| Schwarzkiefer | A, B, D, E | sehr hell | mittel | 4–9 | 9 oder 2–3, alle zwei bis drei Jahre | | I, bei alten Bäumen auch II |
| Sicheltanne | A | hell, im Sommer Halbschatten | reichlich | 4–9 | 3–4, alle zwei Jahre | guten Winterschutz geben, Vorsicht vor Spätfrösten | VIII nicht zu spät im Herbst |
| Wacholder (viele Formen) | A, B, D, E, F, G, H | hell | reichlich | 4–9 | 2–3, alle zwei Jahre | für Luftfeuchtigkeit sorgen | III |
| Weißtanne | A, E | Sonne bis Halbschatten | reichlich | 4–8 | 2–3, alle zwei bis fünf Jahre | für Luftfeuchtigkeit sorgen | VII |
| Weymouthskiefer | A, B, D, E, F, G, H | sehr hell | mittel | 4–9 | 9 oder 2–3, alle zwei bis drei Jahre | | I |
| Zirbelkiefer, Arve | B, D, E, H | sehr hell | mittel | 4–9 | 9 oder 2–3, alle zwei bis drei Jahre | für Luftfeuchtigkeit sorgen | I |
| Zuckerhutfichte | A, B, D, E, F, H, | hell, im Sommer schattig | reichlich | 4–9 | 9 oder 2–3, alle zwei bis drei Jahre | für Luftfeuchtigkeit sorgen, Vorsicht vor Spätfrösten | VII |

### 6.2. Tabelle der Laubgehölze

| Name | Bevorzugte Formen | Standort | Gießen | Düngen | Umtopfen | Bemerkungen | Schnittmethode für Triebe |
|---|---|---|---|---|---|---|---|
| Ahorn: Fächerahorn Feuerahorn Japan. Ahorn | B, E | im Sommer Halbschatten, im Winter gut schützen | reichlich | 4–8 | 2-Anfang 3, alle zwei bis drei Jahre | Winterschutz geben, Blattschnitt, | IV |
| Feldahorn | A, B, E | Sonne und Halbschatten | | | | Zweige brechen leicht | |
| Buchsbaum | alle Formen außer A | Sonne und Schatten | reichlich | 4–8 | 2–3, alle zwei Jahre | verträgt starken Rückschnitt, anspruchslos | IV |
| Efeu, viele kleinblättr. Sorten | F, G, H, »Wurzel über Stein-Form« | Halbschatten und Schatten | reichlich | 4–8 | 2–3, alle zwei bis fünf Jahre | im Winter auch auf kühlem hellem Standort in der Wohnung | IV |
| Eichen: Stiel- oder Sommereiche Trauben- oder Wintereiche | B, E | Sonne | reichlich | 4–8 | 2–3, alle zwei bis drei Jahre | | IV, außer man wünscht Blüte, dann erst danach |

| Name | Bevorzugte Formen | Standort | Gießen | Düngen | Umtopfen | Bemerkungen | Schnittmethode für Triebe |
|---|---|---|---|---|---|---|---|
| Eisenholzbaum | A, B, C | Sonne | reichlich | 4–8 | 2–3, alle zwei bis drei Jahre | im Austrieb Blätter rot gerandet, Herbstfärbung | IV |
| Gingko, Silberaprikose | A, B, C | Sonne | reichlich | 4–8 | 2–3, alle zwei bis fünf Jahre | | IV |
| Hain- oder Weißbuche | B, C, D, E und Mehrfachstamm | Sonne und Halbschatten | reichlich | 4–8 | 2–3, alle zwei bis fünf Jahre | sehr schnittverträglich | IX |
| Rotbuche | A, B, E | Sonne, verträgt auch Halbschatten | reichlich | 4–8 | 2–3, alle zwei bis fünf Jahre | goldgelbe Herbstfärbung, später hellbraun, hält Laub über den Winter | IX |
| Schwarzbirke | B, E und Mehrfachstamm | Sonne | reichlich | 4–8 | 2–3, alle zwei Jahre | gelbe Herbstfärbung | IV |
| Weiß- oder Sandbirke | B, E und Mehrfachstamm | Sonne | normal | 4–8 | 2–3, alle zwei Jahre | orangegelbe Herbstfärbung | IV |

**6.2. Tabelle der Laubgehölze (Fortsetzung)**

| Name | Bevorzugte Formen | Standort | Gießen | Düngen | Umtopfen | Bemerkungen | Schnittmethode für Triebe |
|---|---|---|---|---|---|---|---|
| Winterlinde | B, D | Sonne und Halbschatten | reichlich | 4–8 | 2–3 | verträgt starken Rückschnitt | IV |
| Zelkove | C | Sonne bis Halbschatten | normal | 4–8 | 2–3, alle zwei Jahre | guten Winterschutz geben | IV |
| Zwerg- oder Polarbirke | B, C, D und Mehrfachstamm | Sonne | normal | 4–8 | 2–3, alle zwei Jahre | | IV |
| Zwergpurpurweide | C, oder als »Kopfweide« | Sonne | sehr reichlich | 4–8 | 2–3, jährlich | Wunden gut mit Baumwachs verschließen | starker Rückschnitt in 2–3 im Sommer nur auslichten |

## 6.3. Tabelle blühender und fruchtender Gehölze

| Name | Bevorzugte Formen | Standort | Gießen | Düngen | Umtopfen | Bemerkungen | Schnittmethode für Triebe |
|---|---|---|---|---|---|---|---|
| Azaleen, kleinblättrige winterharte Sorten | B, F, H | Halbschatten | reichlich | 5–8 nicht während Blüte | jährlich nach der Blüte, Erde nicht zu fest andrücken | verträgt starken Rückschnitt Moorbeetpflanze | nach der Blüte zurückschneiden und auslichten |
| Felsenbirne | B, C, E | Sonne | reichlich | 4–8 | 2–3, alle zwei bis fünf Jahre | blüht im 5 | V |
| Feuerdorn | B, D, E, F, G | Sonne bis Halbschatten | reichlich | 5–8 nicht während Blüte | 2–3, alle zwei Jahre | | im 5 auf zwei Augen zurückschneiden, im 9 zu lange Triebe kürzen |
| Forsythie versch. Sorten | mehrtriebig | Sonne | reichlich | 6–8 | jährlich nach der Blüte | | Rückschnitt nach Blüte und im Spätsommer, bevor Knospen härten |
| Ölweide, schmalblättrige | B, D, E, F, G | Sonne | normal | 4–8 | 2–3, alle zwei bis fünf Jahre | | V |
| Prachtglocke | B, E, F | Halbschatten | reichlich | 4–8 | 2–3, alle zwei Jahre | Moorbeetpflanze | V, nach der Blüte |

**6.3. Tabelle blühender und fruchtender Gehölze (Fortsetzung)**

| Name | Bevorzugte Formen | Standort | Gießen | Düngen | Umtopfen | Bemerkungen | Schnittmethode für Triebe |
|---|---|---|---|---|---|---|---|
| Schlehe, Schlehdorn | B, C, D, E | Sonne | normal | 4–8 | 2–3, alle zwei Jahre | nicht drahten | VI |
| Stechpalme (immergrün) versch. kleinbl. Arten | B, D, E, F | Sonne, im Sommer Halbschatten | reichlich | 4–8 | 2–3 | | IV |
| Weißdorn, Rotdorn | B, D, E, F, G, H | Sonne | reichlich | 4–8 | 2–3, jährlich | | V |
| Winterjasmin | B, C | Sonne | reichlich | 4–8 | 10 oder 3–4, alle zwei Jahre | | VI |
| Zierapfel (versch. Sorten) | B, D, E | Sonne | reichlich | 5–8 reichlich | jährlich 10 oder 2 | Vorsicht vor Blattläusen | V |
| Zierkirsche (versch. Sorten) | B, D, E | Sonne, im Sommer Halbschatten | reichlich | 5–8 reichlich | jährlich nach der Blüte oder 10 | | VI |
| Zierquitte | B, D, E, F, G | Sonne, im Sommer Halbschatten | reichlich | nach der Blüte bis 8 | 10 oder 2–3, alle zwei Jahre | neue Triebe aus dem Stamm sofort abschneiden | VI |
| Zwergmispel (viele Arten) | B, D, E, F, G | Sonne | reichlich | 4–8 | 2–3, alle zwei bis vier Jahre | | IV |

# 7. Miniaturlandschaften – »Bonkei« oder »Saikei«

Während der Europäer in gartenkünstlerischen Schöpfungen die Natur vorwiegend reglementiert und sich unterwirft, hilft der Ostasiate hingebend ordnend, ihrer Schönheit vollkommenen Ausdruck zu erreichen.

Die Kunst, in flachen Schalen Miniaturlandschaften zu gestalten, ist schon viele Jahrhunderte alt und hat in China eine bis heute ununterbrochene, lebendige Tradition. Die Nachbildung charakteristischer Landschaften, wie der Kalkstein-Bergformation von Guilin und anderer Landschaften, besonders Südchinas, sind viel bewunderte Ausstellungsobjekte in den öffentlichen chinesischen Bonsai-Parks. In Japan werden diese Miniaturlandschaften »Bonkei« und neuerdings auch »Saikei« genannt und haben in den letzten Jahrzehnten zunehmend an Popularität gewonnen.

Von der auf Seite 104f. beschriebenen Waldform oder der Felsenform bis zu »Bonkei« oder »Saikei« ist es nur noch ein Schritt. Eine Miniaturlandschaft genauso wie einen einzelnen Miniaturbaum über Jahre und Jahrzehnte zu erhalten und zu vervollkommnen, ist nahezu unmöglich, außer man tauscht die für eine bestimmte Stellung innerhalb der Komposition unbrauchbar gewordenen Pflanzen beim Umpflanzen aus, denn das Größenverhältnis zwischen »Bäumen«, »Felsen«, »Sträuchern« und der jeweils gewählten Bodenbewegung, wie »Hügel«, »Berg« oder »Schlucht«, das so wichtig für den Gesamteindruck ist, kommt in relativ kurzer Zeit wieder aus dem Gleichgewicht. Die ausgeschiedenen Bäumchen kann man als Einzelpflanzen weiter behandeln, wenn Zustand und Form dies zulassen.

## 7.1. Gestaltungs- und Pflanzhinweise

Die wichtigsten Gestaltungselemente für Miniaturlandschaften sind Pflanzen, Steine, Erde und Sand oder Kies. Die in Ostasien manchmal verwendeten kleine Figuren, Laternen, Brücken, Häuschen usw. sollen hier erwähnt, keinesfalls empfohlen werden. Für den Ostasiaten sind sie – wie die Landschaft selbst – literarisch-kulturhistorische Zitate, die nur vom Kenner verstanden werden.

Während für die Waldform meist nur eine Pflanzenart Verwendung findet, kann man bei der Gestaltung von Miniaturlandschaften verschiedene Arten verwenden, um eine bestimmte Landschaft besser zu charakterisieren. Allerdings sollte man damit äußerst sparsam sein, denn je mehr Arten verwendet werden, desto unruhiger wird das Bild und desto schwieriger wird auch die Pflege.

Die Artenvielfalt ist nahezu die gleiche wie für die Anzucht einzelner Miniaturbäume. Die Pflanzen haben zur Pflanzzeit meist ein Alter von 3 bis 5 Jahren. Die Techniken ihrer Anzucht und Formung sind dieselben wie bei einzelnen Exemplaren.

Für die verschiedenen Pflanzungen eignen sich fast alle Baumformen, am wenigsten jedoch die Halbkaskaden- und die Kaskadenform.

Wie für Einzelbäumchen, so ist auch für eine Landschaft das Moos ein unentbehrliches Mittel (siehe auch 5.5.). Dazu können für manche Landschaften noch Gräser und andere niedrige, kleinblättrige und widerstandsfähige Pflanzen verwendet werden.

Als Gefäße eignen sich rechteckige oder ovale Schalen, Steingutttröge oder flache, dunkel gebeizte Holzkisten. Die Kisten sollten vor dem Bepflanzen unbedingt mit einem pflanzenverträglichen Imprägniermittel behandelt worden sein und müssen genügend Wasserabzugslöcher im Boden haben. Die lichte Höhe der Gefäße beträgt 3 bis 5 cm.

In China werden bis 2 m lange und 80 cm breite Tabletts aus Stein verwendet.

Es gibt sogar Schalen mit Unterteilungen, in denen sich Landschaften am Wasser gut darstellen lassen: Der Teil ohne Abzugslöcher wird mit Wasser gefüllt und im anderen z. B. eine Uferlandschaft gepflanzt.

Neben dem für die harmonische Formung notwendigen »Baumblick« muß man für die Gestaltung von Miniaturlandschaften das Auge auch für geeignete Steine schulen. Sie sind an Wegrändern, in den Bergen, an Bächen, Flüssen und am Strand zu finden. Die Steine dienen der Darstellung bestimmter Landschaftselemente und müssen dementsprechend geformt sein. So eignen sie sich dazu, die Vorstellung eines entfernten Bergrückens, einer Insel, eines hohen Felsens im Gebirge oder auch einer Schlucht zu erwecken. Mit Sand kann man einen Weg im Wald oder durch ein kleines Tal andeuten. Bringt man auf bräunlichen Sand noch ein schmales Band weißen Sandes auf, entsteht der Eindruck eines Baches.

Das Aufbringen der Erde in verschiedener Höhe, nachdem Steine und Pflanzen arrangiert sind, stellt Hügel, Senken oder Täler dar.

Für Miniaturlandschaften werden die gleichen Erdmischungen verwendet, wie im Abschnitt 3.2. angegeben.

Für das Pflanzen und Umpflanzen gelten alle die Hinweise, die im Abschnitt 3.3. und 3.4. erläutert wurden und besonders auch diejenigen auf Seite 105 für die Waldform. Gegebenenfalls sind auch die Erläuterungen für die Felsenpflanzung auf Seite 104 zu beachten.

Es gibt eine Vielfalt von Kompositionsmöglichkeiten. Folgende Grundsätze haben sich bei der Gestaltung von Miniaturlandschaften als vorteilhaft herausgestellt.

- Wenn weniger als 10 Bäume einer

Art in einer Komposition verwendet werden, sollte man außer der 2 nur ungerade Zahlen verwenden, da sich diese besser gruppieren lassen. Bei mehr als 10 Bäumen ist das nicht mehr so wichtig.

- Die für eine Pflanzung verwendeten Bäumchen sollen alle eine ähnliche Wuchsform, aber Stämme unterschiedlicher Stärke und Höhe haben, um Perspektive und Distanz zu erzielen.
- Die Abstände zwischen den Bäumchen müssen ungleich sein, und auch hier dürfen nie 3 Bäumchen in einer Reihe stehen.
- Bei dicht gepflanzten Landschaften ist die spätere Pflege sehr erschwert.
- Steine sollen mit ihrer schönsten Seite nach vorn zeigen.
- Wenn ein Stein einem Baum dicht zugeordnet ist, muß er auf der Mittellinie der Schale plaziert werden, ist er weiter entfernt, kann er in Richtung auf den hinteren oder vorderen Schalenrand verschoben werden.
- Bei Verwendung von mehreren Steinen ist zu beachten, daß auch hier außer der 2 ungerade Zahlen zu bevorzugen sind. Die Steine sollten ungleich groß, aber von gleicher Art sein, z.B. passen Sandstein und Basalt nicht zusammen in eine Landschaft.
- Die Lage der Steine soll vorwiegend gleich sein, das heißt, entweder alle stehend oder alle liegend, ihre Formen sollten einander ähnlich sein.
- Eine unebene, hügelige oder gewellte Oberfläche erhöht die Tiefenwirkung der Landschaft.

## 7.2. Pflegehinweise

Die Pflege ist grundsätzlich nicht anders als sie im Abschnitt 4. beschrieben worden ist, es gibt nur wenige Abweichungen.

Jene Pflanzungen sind besonders zu beobachten, bei denen mehr als eine Pflanzenart verwendet worden ist (abgesehen vom Moos). Bei diesen Gefäßen hat sich die Pflege nach der empfindlichsten Pflanzenart zu richten. Das betrifft vor allem das Gießen und Düngen sowie die Wahl des sonnigen oder schattigen Standorts im Sommer.

Im Winter sind die Miniaturlandschaften empfindlicher als einzelne Bäumchen. Dem soll durch eine kalte, aber frostfreie Überwinterung Rechnung getragen werden. Sie können bei frostfreiem Wetter wind- und sonnengeschützt durchaus im Freien bleiben, selbst leichte Nachtfröste schaden nicht. Lediglich bei anhaltendem Frostwetter werden die Gefäße auf einen kalten, aber frostfreien Standort hereingeholt.

# 8. Miniaturbäume für die Wohnung

Was die Flora der Fenster anbelangt, sind zweierlei Arten zu verzeichnen: die dürftige und die reichhaltige. Arme Leute haben gewöhnlich die schöneren Blumen, wohingegen sie den Wohlhabenden, während sie in der Sommerfrische weilen, regelmäßig verkümmern.
*Karel Čapek*

In den mittleren und südlichen Teilen Chinas sind die klimatischen Bedingungen so günstig, daß dort ein Unterschied zwischen winterharten und nicht winterharten Arten bei der Überwinterung der Miniaturbäume kaum gemacht wird. Die mittleren Jahrestemperaturen für Shanghai und Nanjing (Nanking) liegen bei über +15 °C. Ähnliche Temperaturverhältnisse haben die mittleren und südlichen japanischen Inseln. Tokyo hat eine Jahresdurchschnittstemperatur von +13,8 °C und eine gemessene tiefste Temperatur von −8,6 °C, Berlin dagegen hat eine mittlere Jahrestemperatur von +8,8 °C und eine tiefste Temperatur von −31 °C!

Des milden Klimas wegen werden in China und Japan von jeher auch Miniaturbäume von Pflanzenarten herangezogen, die nicht winterhart sind. Es lag also nahe, auch in Europa Pflanzenarten auf ihre Eignung als Miniaturbäume für die Wohnung zu prüfen, besonders solche, die mit zunehmendem Alter verholzen, wie die in Mitteleuropa seit etwa 400 Jahren bekannte Myrte.

Das Licht ist im Winter begrenzender Faktor für das Wachstum der Zimmerbonsai, weshalb die Auswahl eines geeigneten hellen Platzes sehr wichtig ist. Je näher am Fenster, desto besser, Gardinen nehmen sehr viel Licht, man kann sich mit einem Belichtungsmesser der Fotoausrüstung leicht davon überzeugen.

Da Licht die Pflanzen im Zimmer nur von einer Seite erreicht, sind sie im Abstand von 10 bis 20 Tagen zu drehen, damit sie sich allseitig gut entwickeln können.

Es gibt geeignete Lampentypen zur Belichtung, falls im Winter nicht ausreichend natürliches Licht zur Verfügung steht. Bei Verwendung von Zusatzbelichtung ist allerdings zu beachten, daß sie regelmäßig zur gleichen Zeit ein- und ausgeschaltet wird. Die Belichtungsdauer sollte täglich 12 bis 16 Stunden betragen, deshalb ist es günstig, eine Schaltuhr einzubauen. Die Verwendung eines Reflektors zum Sammeln der Bestrahlung ist nützlich, um ein Höchstmaß an Licht auf die Pflanzen zu richten. Der Abstand der Lichtquelle von den Pflanzen sollte so gering wie möglich sein. Wenn auch die ausgeleuchtete Fläche bei weiterem Abstand größer wird, so nimmt doch die Lichtstärke an den Pflanzen drastisch ab. Das folgende Beispiel macht dies deutlich: Bei Installation einer angenommenen Lichtquelle X in 50 cm Höhe hat die ausgeleuchtete Fläche einen Durchmesser von 70 cm, und auf dieser Fläche werden 1500 Lux (= Einheiten Beleuchtungsstärke) gemessen. Bei Installation der gleichen Lichtquelle X in 100 cm Höhe hat die ausgeleuchtete Fläche zwar einen Durchmesser von 90 cm, ist also um 66 Prozent größer, die Beleuchtungsstärke beträgt aber nur noch ein Drittel = 500 Lux!

Alle Zimmerbonsai verlangen eine sandige, durchlässige Erde. Steht handelsübliche Topfpflanzenerde zur Verfügung, dann mischt man sie mit Sand oder feinkörnigem Kies im Verhältnis 3:1.

Eine geeignete Mischung ist auch die im Abschnitt 3.1. für die Laubgehölze angegebene, lediglich Azaleen verlangen die für Moorbeetpflanzen empfohlene Mischung.

An Zimmerbonsai können die gleichen Schädlinge und Krankheiten auftreten, die im Abschnitt 4.4. beschrieben wurden. Für die verschiedenen Arbeiten des Schneidens, Formens und für das Umtopfen gelten die im Abschnitt 5. gegebenen Empfehlungen für die Laubgehölze. Der Blattschnitt darf bei Zimmerbonsai nicht durchgeführt werden.

Die für die Anzucht als Zimmerbonsai geeigneten Arten lassen sich in zwei Gruppen einteilen: Die eine Gruppe gehört zu den vom Gärtner als »Kalthauspflanzen« und die andere zu den als »Warmhauspflanzen« bezeichneten Arten.

## 8.1. Arten für kühle Überwinterung (Kalthauspflanzen)

In der Tabelle Kalthauspflanzen auf Seite 122 sind Pflanzen aufgeführt, die ähnliche Standort- und Temperaturansprüche haben und damit typisch für die Kalthauspflanzen sind: Sie stehen im Sommer im Freien und brauchen etwa ab September bis zur zweiten Maihälfte einen kühlen, hellen Platz am Fenster in der Wohnung. Gut eignet sich für die Überwinterung dieser Arten auch eine kühle Veranda oder ein tiefes, nicht nach Süden zeigendes Doppelfenster. Die Pflanzen dürfen jedoch nicht über einer Heizung stehen. Sie gedeihen im Winter nur in einem Temperaturbereich von +5 °C bis maximal +12 °C, auf keinen Fall dürfen sie wärmer stehen. Es sind also keine typischen Ganzjahres-Zimmerbonsai.

Ab Einbruch der Dunkelheit sollten sie kälter, wenn möglich unter +10 °C gehalten werden. Zwischen zugezogenen Gardinen und dem Fenster ist es im Winter kälter als im Zimmer.

Ein Thermometer ist für das Auffinden passender Standplätze in der Wohnung und auch für die Temperaturkontrolle unbedingt notwendig. Bei Einbrüchen extrem tiefer Temperaturen im Winter kann es an sonst frostfreien Stellen, z.B. zwischen den Doppelfenstern oder an Fenstern in Treppenhäusern, auch zu Temperaturen unter 0 °C kommen, die für diese Pflanzengruppe tödlich sind.

Manchmal gelingt es, solche gefrorenen Pflanzen noch zu retten, wenn man sie auf einen kühlen Platz zwischen +2 °C und +5 °C langsam auftauen läßt, dabei dürfen sie aber nicht dem Sonnenlicht ausgesetzt werden.

Eine gärtnerische Regel ist für die Pflege dieser Gruppe von Miniaturbäumen, wie auch für andere Pflanzen in Gefäßen im Winter, sehr wichtig: Je kälter Pflanzen überwintert werden, desto weniger Wasser verbrauchen sie, desto weniger dürfen sie also gegossen werden. Während sonst die Erde in den Gefäßen vorwiegend feucht gehalten wird, sind die Pflanzen bei der erwähnten kalten Überwinterung vorwiegend trocken zu halten und nur selten zu gießen. Bei Temperaturen unter +5 °C ist etwa nur alle zwei Wochen zu gießen.

Außer den in der Tabelle 8.2. Kalthauspflanzen aufgeführten Arten gibt es noch viele schöne aus den Subtropen stammende Pflanzen, die sich als Zimmerbonsai eignen. Selbst Nadelgehölze sind darunter, wie Zypressen, Pinien und Seekiefern aus dem Mittelmeergebiet, und viele Arten, die in den botanischen Gärten gehalten werden, z.B. Akazien (kleinblättrige Arten), Eucalyptus-Arten, Kirschmyrten.

**8.2. Tabelle der Kalthauspflanzen**

| Name | Sommerstandort | Gießen Sommer | Gießen Winter | Düngen | Umpflanzen | Bemerkungen |
|---|---|---|---|---|---|---|
| Azaleen, kleinblättrige, nicht winterharte Arten | halbschattig am Fenster oder im Freien | reichlich | nicht austrocknen lassen, normal gießen | Mai bis September | nach Blüte jährlich, alte Pflanzen alle 2 Jahre, Erde nicht zu fest andrücken | Moorbeetpflanze, Erde siehe 3.1. |
| Bleiwurz | sonnig am Fenster oder im Freien | reichlich | wenig | März bis August | alle 2 bis 3 Jahre, Frühjahr | blüht im Sommer hellblau, Hinweise zur Tabelle (1) beachten (Seite 125) |

| Name | Sommerstandort | Gießen Sommer | Gießen Winter | Düngen | Umpflanzen | Bemerkungen |
| --- | --- | --- | --- | --- | --- | --- |
| Buchsbaum | Nordfenster oder Halbschatten im Freien | normal | wenig | März bis September | alle 2 Jahre Frühjahr | |
| Jadebaum, Geldbaum | sonnig am Fenster oder im Freien | wenig | wenig | April bis August wenig | alle 2 Jahre Frühjahr | blüht mit kleinen weißen Blüten |
| Känguruhbaum, Kasuarine | sonnig am Fenster oder im Freien | reichlich | wenig | April bis August reichlich | jährlich Frühjahr | blühen unscheinbar, bilden kleine Zapfenfrüchte |
| Lagerstroemie | sonnig am Fenster oder im Freien | reichlich | wenig | April bis August reichlich | jährlich Frühjahr | blüht Spätsommer, Hinweise zur Tabelle (1) beachten |
| Myrte, Brautmyrte | sonnig im Freien oder am Fenster, nicht Südfenster | reichlich, aber Vorsicht vor zuviel! | wenig, Erde soll immer leicht feucht sein | März bis August | alle 2 bis 3 Jahre, Frühjahr, nicht zu tief pflanzen | |
| Ölbaum | Süd- oder Westfenster oder sonnig im Freien | normal, immer erst trocken werden lassen | mäßig | März bis September | alle 2 Jahre Frühjahr | |

**8.2. Tabelle der Kalthauspflanzen (Fortsetzung)**

| Name | Sommerstandort | Gießen Sommer | Gießen Winter | Düngen | Umpflanzen | Bemerkungen |
|---|---|---|---|---|---|---|
| Pelargonien, sukkulente Arten | sonnig am Fenster | wenig | wenig | März bis Mai | alle 2 Jahre August | in Ruhezeit (Sept. bis Dez.) trocken halten, blühen Jan. bis Sommer |
| Roseneibisch, chinesischer buntblättriger | sonnig am Fenster oder im Freien | reichlich | normal | März bis September reichlich | jährlich Frühjahr | Wintertemperatur 12 bis 15°C |
| Rosmarin | sonnig am Fenster oder im Freien | normal | wenig | April bis September | alle 2 Jahre Frühjahr | duftendes ätherisches Öl enthaltend |
| Speckbaum | am Fenster oder im Freien | wenig | wenig | April bis August wenig | alle 2 Jahre Frühjahr | |
| Südseemyrte | halbschattig am Fenster oder im Freien | normal | normal | April bis September | alle 2 Jahre nach Blüte | blüht im zeitigen-Frühjahr, Vorsicht vor zuviel Kalk in der Erde |
| Trugmyrte | halbschattig am Fenster oder im Freien | reichlich | wenig | März bis August | alle 2 bis 3 Jahre Frühjahr | Hinweise zur Tabelle (2) beachten |
| Ulme, chinesische | sonnig am Fenster oder im Freien | normal | mäßig | März bis September | alle 2 Jahre Frühjahr | |
| Wandelröschen | sonnig am Fenster oder im Freien | reichlich | wenig | April bis August reichlich | jährlich Frühjahr | blüht Sommer, Hinweise zur Tabelle (1) beachten |

| Name | Sommerstandort | Gießen Sommer | Gießen Winter | Düngen | Umpflanzen | Bemerkungen |
|---|---|---|---|---|---|---|
| Zickzackstrauch | Freiland, ist schattenverträglich | normal | mäßig | April bis September | alle 2 Jahre Frühjahr | humose Erde verwenden, blüht Mai bis Juni, rote Früchte |
| Zwerggranatbaum . | sonnig am Fenster oder im Freien | reichlich bis Mitte Juli | sehr wenig | April bis Ende Juni | alle 2 bis 3 Jahre Frühjahr | blüht Sommer rot, Hinweise zur Tabelle (1) beachten, laubabwerfend, im Winter mindestens +5°C |

*Hinweise zur Tabelle Kalthauspflanzen*

1. Diese Arten im Herbst stark zurückschneiden und auslichten. Jungen Austrieb im Frühjahr bis Mitte April einkürzen, dann wachsen lassen, damit die Pflanzen blühen. Die längsten unschönen Triebe später noch schneiden, bzw. dann, wenn Blütenknospen sichtbar werden, die Triebe ohne Knospen schneiden.

2. Trugmyrten sind zweihäusig, das heißt, es gibt männliche und weibliche Pflanzen. Damit die weiblichen Pflanzen Früchte (dunkelblaue Beeren) ansetzen können, muß auch eine männliche Pflanze vorhanden sein. Bei reichlichem Fruchtansatz nur die größten Beeren reifen lassen und die übrigen auszupfen, sobald greifbar. Selbst dann, wenn ein Fruchtansatz nicht möglich ist, sind die kleinblättrigen immergrünen Pflanzen reizvoll.

## 8.3. Arten für warme Überwinterung (Warmhauspflanzen)

Die Warmhauspflanzen stammen aus tropischen Klimazonen und haben entsprechend höhere Temperaturansprüche, deshalb fühlen sie sich das ganze Jahr über in Wohnzimmertemperaturen wohl.

Ihren höheren Ansprüchen an die Luftfeuchtigkeit muß man durch Übersprühen des Laubwerks entgegenkommen.

## 8.4. Tabelle der Warmhauspflanzen

| Name | Standort Sommer | Standort Winter | Gießen Sommer | Gießen Winter | Düngen Sommer | Düngen Winter | Umpflanzen | Bemerkungen |
|---|---|---|---|---|---|---|---|---|
| Ficus kleinblättr. Arten | im Zimmer, nicht in der Sonne | im Zimmer, hell, 15–22 °C | reichlich | nach Temperatur wenig bis normal | regelmäßig alle 2 Wochen | alle 4 Wochen | junge Pflanzen jährl., ältere alle zwei Jahre im Frühjahr | immergrün |
| Fukien-Tee | im Zimmer oder Freien Halbschatten | im Zimmer, hell 15–22 °C | reichlich | normal | regelmäßig alle 2 Wochen | alle 4 Wochen | alle zwei Jahre im Frühjahr | immergrün, blüht weiß, Frühj./Sommer |
| Gardenie | im Zimmer, hell und luftig, kein Südfenster | im Zimmer, hell 15, höchstens 20 °C | wenig | selten, aber nicht ganz austrocknen lassen | April bis September | nicht | jedes Frühjahr Drainageschicht! | immergrün, blüht im Frühsommer |
| Junischnee | im Zimmer oder im Freien, Halbschatten | im Zimmer, hell 12–18 °C | reichlich | gleichmäßig feucht halten | Mai bis September alle 2 Wochen schwach | nur auf warmem Standort alle 4 Wochen | alle zwei Jahre im Frühjahr | immergrün, blüht weiß im Juni |
| Orangenraute oder Orangenjasmin | im Zimmer nicht in der Sonne | im Zimmer hell 15–22 °C | reichlich | gleichmäßig feuchthalten | Mai bis September alle 2 Wochen | alle 4 Wochen | alle zwei Jahre im Frühjahr | immergrün, fast ganzjährig blühend, rote Beeren |
| Sageretie | im Zimmer, im Freien, Halbschatten | im Zimmer, hell 12–22 °C | reichlich | gleichmäßig feuchthalten | Mai bis Sept. alle 2 Wochen | alle 4 Wochen | jedes Frühjahr | immergrün, liebt Luftfeuchtigkeit |

# 9. Verzeichnis der Pflanzennamen

| **Deutscher Name** (wenn vorhanden) | **Wissenschaftlicher Name** 1. Gattungsname 2. Artname | **Heimat** bzw. Verbreitungsgebiet |
|---|---|---|
| Ahorn | *Ácer* | |
| Fächerahorn | *Ácer palmátum* | China, Japan, Korea |
| Feldahorn | *Ácer campéstre* | Europa, Nordafrika, Kleinasien |
| Feuerahorn | *Ácer gínnala* | Ostasien |
| Japanischer Ahorn | *Ácer japónicum* | Japan |
| Rotahorn | *Ácer rúbrum* | Nordamerika |
| Spitzahorn | *Ácer platanoídes* | Europa, Kleinasien |
| Akazie | *Acácia* | Australien, Mittelamerika, Südafrika |
| Apfel siehe Zierapfel | | |
| Azalee, kleinblättrige | *Rhododéndron* | Europa, Ostasien |
| Birke, Weiß- oder Sandbirke | *Bétula péndula* | Europa, Nordafrika, Kleinasien |
| Schwarzbirke | *Bétula nígra* | Nordamerika |
| Zwerg- oder Polarbirke | *Bétula nána* | Nordeuropa, Nordasien |
| Bleiwurz | *Plumbágo auriculáta* | Südafrika |
| Buche, Rotbuche | *Fágus sylvática* | Europa |
| Buchsbaum | *Búxus sempervírens* | West- und Mitteleuropa, Westasien |
| Efeu, kleinblättrige | *Hédera hélix* | Europa |
| Eibe, heimische | *Táxus baccáta* | Europa, Kleinasien, Nordwestafrika |
| Eibe, Japanische | *Táxus cuspidáta* | Japan, Korea, Mandschurei |
| Eiche | *Quércus* | Nördl. Erdhalbkugel |
| Roteiche | *Quércus rúbra* | Nordamerika |
| Sommer- oder Stieleiche | *Quércus róbur* | Europa |
| Winter- oder Traubeneiche | *Quércus petrǣa* | Europa |

| Deutscher Name (wenn vorhanden) | Wissenschaftlicher Name 1. Gattungsname 2. Artname | Heimat bzw. Verbreitungsgebiet |
|---|---|---|
| Erbsenstrauch | *Caragána arboréscens* | Sibirien, Mandschurei |
| Erika, Schneeheide | *Érica herbácea* | Europa |
| Eisenholzbaum | *Parrótia pérsica* | Nordiran |
| Esche, Gemeine | *Fráxinus excélsior* | Europa, Kleinasien |
| Farn | | |
| Rippenfarn, Seefeder | *Bléchnum pénna-marína* | Südamerika, Südaustralien, Neuseeland |
| Schildfarn | *Polýstichum setíferum* | Europa |
| Felsenbirne, Gemeine | *Amelánchier ovális* | Gebirge Mittel- und Südeuropas |
| Feuerdorn | *Pyracántha coccínea* | Italien bis Kleinasien |
| Flieder, kleinblättrige | *Syrínga afghánica* | Afghanistan |
| Arten | *Syrínga meyeri* | China |
| Fichte, Gemeine | *Pícea ábies* | Europa |
| Serbische Fichte | *Pícea omórika* | Jugoslawien |
| Weißfichte | *Pícea glauca* | Nordamerika |
| Zuckerhutfichte | *Pícea glauca* ›Conica‹ | |
| Geldbaum siehe Jadebaum | | |
| Gingko | *Gíngko bíloba* | Südostchina |
| Heidekraut, Besenheide | *Callúna vulgáris* | Europa, Sibirien |
| Hainbuche | *Cárpinus bétulus* | Europa, Kleinasien |
| Hemlocktanne | *Tsúga canadénsis* | Nordamerika |
| Granatapfelbaum | *Púnica granátum* | Vorderasien |
| Zwerg-Granatbaum | *Púnica granátum* ›Nana‹ | |
| Jadebaum | *Crássula ováta* | Südafrika |
| Jasmin, Winterjasmin | *Jasmínum nudiflórum* | China |
| Junischnee | *Seríssa foetida* | Südostasien, Südchina |
| Känguruhbaum | *Casuarína*, versch. Arten | Australien |
| Kiefer | *Pínus* | nördl. Erdhalbkugel |
| Aleppokiefer | *Pínus halepénsis* | Mittelmeerraum |
| Arve, siehe Zirbelkiefer | | |
| Bergkiefer | *Pínus múgo* | Mittel- und Südeuropa |
| Gemeine Kiefer, Föhre | *Pínus sylvéstris* | Europa, Nord- und Vorderasien |

| **Deutscher Name** (wenn vorhanden) | **Wissenschaftlicher Name** 1. Gattungsname 2. Artname | **Heimat** bzw. Verbreitungsgebiet |
|---|---|---|
| Krummholzkiefer | *Pínus múgo* | Mittel- und Südeuropa |
| Mädchenkiefer | *Pínus parviflóra* | Japan |
| Pinie | *Pínus pínea* | Mittelmeergebiet |
| Rumelische Kiefer | *Pínus peúce* | Balkan |
| Schlangenhautkiefer | *Pínus leucodérmis* | Balkan, Süditalien |
| Schwarzkiefer | *Pínus nígra* | Süditalien bis Kaukasus |
| Weymouthskiefer | *Pínus stróbus* | Nordamerika |
| Zirbelkiefer | *Pínus cémbra* | Hochgebirge Mitteleuropas |
| Kirsche siehe Zierkirsche | | |
| Kirschmyrte | *Eugénia* | Australien |
| Lärche | *Lárix* | |
| Europäische Lärche | *Lárix decídua* | Europa |
| Japanische Lärche | *Lárix kaémpferi* | Japan |
| Linde | *Tília* | Nördl. gemäßigte Zone |
| Sommerlinde | *Tília platyphýllos* | Mittel- und Südeuropa |
| Winterlinde | *Tília cordáta* | Europa, Vorderasien |
| Moosfarn, Mooskraut | *Selaginélla selaginoídes* | Europa |
| | *Selaginélla helvética* | Europa |
| Muehlenbeckie | *Muehlenbéckia axilláris* | Australien, Neuseeland |
| Myrte | *Mýrtus commúnis* | Südeuropa bis Westasien |
| Ölbaum | *Ólea europaéa* | Mittelmeergebiet |
| Ölweide | *Elaeágnus angustifólia* | Mittelasien |
| Orangenraute oder Orangenjasmin | *Murráya paniculáta* | Indien, Ceylon, Java, Australien, Pazifische Inseln |
| Pinie siehe Kiefer | | |
| Prachtglocke | *Enkiánthus campanulátus* | Japan |
| Robinie | *Robínia pseudoacácia* | Nordamerika |
| Roseneibisch | *Hibíscus rósa-sinénsis* | trop. Asien |
| Rosmarin | *Rosmarínus officinális* | Mittelmeergebiet |
| Rotdorn | *Crataégus laevigáta* | Europa |
| Sageretie | *Sagerétia théa* | Südchina, Japan, Indien |
| Scheinakazie, siehe Robinie | | |

| **Deutscher Name** (wenn vorhanden) | **Wissenschaftlicher Name** 1. Gattungsname 2. Artname | **Heimat** bzw. Verbreitungsgebiet |
|---|---|---|
| Scheinzypresse verschiedene Arten viele Gartenformen | *Chamaecýparis* | Nordamerika, Ostasien |
| Schlehe, Schlehdorn | *Prúnus spinósa* | Europa, Vorderasien, Nordafrika |
| Sicheltanne verschiedene Gartenformen | *Cryptoméria japónica* | Japan, China |
| Silberaprikose siehe Gingko | | |
| Speckbaum | *Portulacária áfra* | Südafrika |
| Stechpalme | *Ílex* | beide Erdhalbkugeln, außer Australien und westl. Nordamerika |
| Storchschnabel | *Pelargónium* | Südafrika |
| Südseemyrte | *Leptospérmum scopárium* | Australien, Neuseeland |
| Tanne, Weißtanne | *Ábies álba* | Europa |
| Koreatanne | *Ábies koreána* | Korea |
| Trugmyrte | *Myrsíne africána* | Nord- und Südafrika, Afghanistan, Himalaja |
| Ulme, Chinesische | *Úlmus parvifólia* | Ostasien |
| Wacholder viele Arten und Gartenformen | *Juníperus* | nördl. Erdhalbkugel |
| Wandelröschen | *Lantána cámara* | trop. Amerika |
| Weide kleinblättr. Arten | *Sálix* | Nordamerika, Europa, Asien |
| Weißbuche siehe Hainbuche | | |
| Weißdorn | *Cratáegus monógyna* | Europa, Nordafrika, Kleinasien |
| Zeder, Atlaszeder | *Cédrus atlántica* | Nordafrika, Atlasgebirge |
| Zelkove | *Zelkóva carpinifólia* | Kaukasus |
| | *Zelkóva serráta* | China, Japan, Korea |
| Zickzackstrauch | *Corókia cotoneáster* | Neuseeland |

| **Deutscher Name** (wenn vorhanden) | **Wissenschaftlicher Name** 1. Gattungsname 2. Artname | **Heimat** bzw. Verbreitungsgebiet |
|---|---|---|
| Zierapfel verschiedene Arten und viele Gartenformen | *Málus* | nördl. Erdhalbkugel |
| Zierkirsche verschiedene Arten | *Prúnus* | nördl. Erdhalbkugel |
| Zierquitte | *Choenoméles japónica* | Japan |
| viele Gartenformen | *Choenoméles speciósa* | China |
| Zwergmispel viele Arten | *Cotoneáster* | Asien, hauptsächlich China |

# 10. Literaturverzeichnis

*Autorenkollektiv:*
Grundlagen der Gehölzproduktion
VEB Deutscher Landwirtschafts-verlag, Berlin 1982

*Bärtels, Andreas:*
Gehölzvermehrung
2. Auflage
Verlag Eugen Ulmer, Stuttgart 1982

*Daschkewitsch, Viktoria:*
Japanische Tuschmalereien, Einführung
Insel-Verlag, Leipzig 1982

*Eiselt, Max, G.:*
Die Vermehrung der Nadelhölzer
3. Auflage
VEB Deutscher Landwirtschafts-verlag, Berlin 1962

*Encke/Buchheim/Seybold:*
Zander – Handwörterbuch der Pflanzennamen
11. Auflage
VEB Deutscher Landwirtschafts-verlag, Berlin 1980

*Fischer, Otto:*
Chinesische Landschaftsmalerei
3. Auflage
Paul Neff Verlag, Berlin/Wien 1943

*Genaust, Helmut:*
Etymologisches Wörterbuch der botanischen Pflanzennamen
2. Auflage
Birkhäuser Verlag, Basel–Boston–Stuttgart 1983

*Kawamoto, Toshio:*
Saikei
BLV Verlagsgesellschaft m. b. H., München 1980

*Krüssmann, Gerd:*
Handbuch der Laubgehölze
2. Auflage
Verlag Paul Parey, Berlin und Hamburg 1978

*Krüssmann,* Gerd:
Handbuch der Nadelgehölze
2. Auflage
Verlag Paul Parey, Berlin und Hamburg 1983

*Lesniewicz, Paul:*
Bonsai für die Wohnung
Verlag Bonsai-Centrum Heidelberg 1983

*Lesniewicz, Paul:*
Bonsai, Miniaturbäume
2. Auflage
Bonsai-Zentrum Heidelberg 1981

*Marzell, Heinrich:*
Wörterbuch der Deutschen Pflanzennamen
Verlag S. Hirzel, Leipzig 1972

*Naka, John Yoshio:*
Bonsai Techniques I.
Bonsai Institut of California,
Los Angeles 1982

*Nakamura, Zeko:*
Bonsai Miniatures
Shufunotomo Co., Ltd. Tokyo 1973

*Parekh, Jyoti:*
Tropical Bonsai
Vakils, Feffer and Simons Ltd.,
Bombay 1977

*Schmidt, Peter A.:*
Die wissenschaftliche Benennung (Nomenklatur) der Gehölze
Beiträge zur Gehölzkunde,
Kulturbund der DDR 1983

*Schmidt, Walter:*
Die Kunst des japanischen Bonsai
Verlag Eugen Ulmer, Stuttgart 1979

*Vanicek, Karl-Heinz:*
Das Veredeln der Gehölze
4. Auflage
VEB Deutscher Landwirtschaftsverlag, Berlin 1969

*Walter, Heinrich, Lieth, Helmut:*
Klimadiagramm – Weltatlas
VEB Gustav Fischer Verlag,
Jena 1967

*Weymar, Herbert:*
Buch der Moose
2. Auflage
Neumann Verlag, Radebeul 1962

*Wu Yee – sun:*
Man Lung Artistic Pot Plants
2. Auflage
Wing Lung Bank Limited,
Hong-Kong 1974

*Yoshimura, Yuji* a. *Halford, Giovanna:*
Miniature Trees and Landscapes
Charles E. Tuttle Company,
Rutland/Tokyo 1979

# 11. Verzeichnis der Farbbilder

Schwarz-Weiß-Fotos

Seite 16, oben: Hainbuche im Elbtal
Seite 16, unten: Föhre auf Basteifelsen im Elbtal
Seite 17, oben: Babisnauer Pappel bei Dresden
Seite 17, unten: Wuchtiger Stammansatz der Burgstädteler Linde bei Dresden
Seite 20: Burgstädteler Linde bei Dresden
Seite 23: Schwarzpappel an der Elbe bei Dresden

Bildnachweis

Farbbilder Einband und 2 bis 12, 14 bis 28, 43 und 44:
Paul Lesniewicz,
Bonsai-Centrum Heidelberg
Farbbilder 29 bis 32:
Dipl.-Ing. (Gartenbau)
Wolfgang Lutz,
Aachen
Farbbilder 33 bis 36:
Gärtnerei der Abtei Neuburg,
Heidelberg
Farbbilder 1, 13, 37 bis 42, 45 bis 54 und alle Schwarz-Weiß-Fotos:
Wolfgang Kunath,
Dresden

Vorsatz links:
Hokusai, Frau auf dem Balkon
Vorsatz rechts:
Toyokuni, Sitzender mit Blumentöpfen
Japanische Farbholzdrucke aus dem Kupferstich-Kabinett der Staatlichen Kunstsammlungen Dresden,
Foto: Gerhard Reinhold,
Leipzig-Mölkau

1

6

7 8 9

10
11
12

15

20

22

23 24
25 26

29

30
31

32

33 34

35 36

37

39 40
41 42

43

45 46
47

39 40
41 42

43

45 46
47

48 49
50 51

52
53 54 ▷